Achtung: Dieser Comic (chinesisch: Manhua) wird in der originalen Leserichtung von rechts nach links gelesen.

Man muss diesen Comic also hinten aufschlagen und Seite für Seite nach vorn weiterblättern. Auch die Bilder auf jeder Seite und die Sprechblasen innerhalb der Bilder werden von rechts oben nach links unten gelesen.

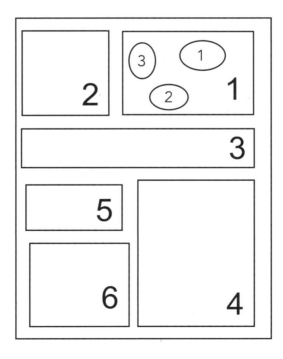

Moderne chinesische Grammatik – Ein praktischer Leitfaden

Lehrbuch, ISBN: 9783905816457
Übungsbuch, ISBN: 9783905816464

- eine anwenderfreundliche Grammatik der renommierten US-Sinologin Claudia Ross
- leichtverständlich geschrieben, aber doch genau und detailliert
- die englische Ausgabe ist seit Jahren ein Bestseller
- deutsche Ausgabe basiert auf der 2. aktualisierten Neuauflage der englischsprachigen Ausgabe von 2014

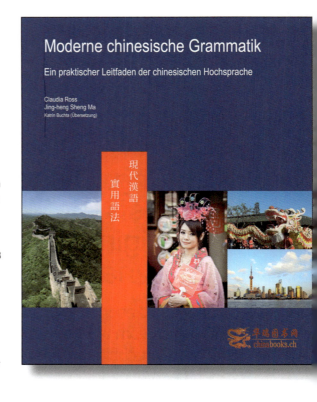

Bei *Moderne chinesische Grammatik – Ein praktischer Leitfaden* handelt es sich um ein innovatives Referenzwerk der chinesischen Hochsprache (Mandarin). In einem einzigen Band wird die Darstellung traditioneller Grammatik und mit der Darstellung funktionaler Grammatik miteinander verbunden.
Die Grammatik ist in zwei Teile unterteilt. Teil A behandelt traditionelle grammatische Kategorien wie Wortstellung, Substantive, Verben und Spezifizierer. Teil B behandelt strukturiert sprachliche Funktionen und Situationen wie:

- kommunikative Strategien
- Vergleiche ziehen
- Informationen geben und erfragen
- Entschuldigung, Bedauern und Mitgefühl ausdrücken

Die beiden Teile der Grammatik sind untereinander eng verknüpft durch zahlreiche Querverweise. Damit werden viele sprachliche Muster sowohl unter einer grammatischen als auch unter einer funktionalen Perspektive beleuchtet.
Alle grammatischen Punkte und Funktionen werden durch zahlreiche Beispielsätze illustriert, mit einer starken Betonung auf den heutigen Sprachgebrauch.
Einige Besonderheiten der Grammatik:

- Beispiele und Beispielsätze werden durchgängig in Kurzzeichen, Langzeichen und in Pinyin-Lautumschrift angegeben
- Anschauliche Erklärungen und leicht verständliche Beschreibungen
- Der Schwerpunkt wurde auf Bereiche gelegt, die Lernern von Hochchinesisch (Mandarin) als Fremdsprache besondere Schwierigkeiten bereiten

Moderne chinesische Grammatik – Ein praktischer Leitfaden ist die ideale Referenzgrammatik für Lerner von Hochchinesisch (Mandarin) als Fremdsprache auf allen Lernstufen, von Anfängern bis Fortgeschrittenen. Keine Vorkenntnisse in grammatischen Terminologien werden vorausgesetzt, ein Glossar der grammatikalischen Ausdrücke steht zur Verfügung.

Diese Grammatik wird vervollständigt durch ein ergänzendes Arbeitsbuch (ISBN: 978-3-905816-46-4), das dazugehörige Übungen und Aktivitäten bietet.

Kurzbeschreibung

Sean Chuang
Meine 80er Jahre.
Eine Jugend in Taiwan

Sean Chuang (*1968) verarbeitet in dieser Graphic Novel Erinnerungen an seine Jugend im Taiwan der späten 1970er und 1980er Jahre. Seine Erinnerungen lassen sich zugleich als Zeitporträt einer Gesellschaft im Umbruch lesen: Taiwan erlebte damals einen beispiellosen Wirtschaftsboom und eine politische Öffnung hin zu mehr Demokratie und Freiheit. Plastisch, eindrücklich und humorvoll fängt der Autor den Alltag und das Lebensgefühl einer ganzen Generation ein. Er gewährt Einblicke in eine von spezifisch chinesischen Wert- und Familienvorstellungen geprägte Kultur, macht aber zugleich eine Jugend lebendig, die mit ihren Ängsten, Nöten und Glücksmomenten den Leser über alle Kulturgrenzen hinweg berührt und Erinnerungen an die eigene Kindheit wachruft.

2-sprachige Ausgabe Deutsch-Chinesisch
Chinabooks E. Wolf, Zürich
ISBN/EAN: 9783905816594

«… eine fesselnden Lektüre, von der man keine Abenteuerhandlung erwarten darf, aber einen Einblick in einen äußerlich vertrauten, in den Verhaltensweisen der Menschen aber fremdartigen Lebensstil … Man spürt aber auf jeder Seite die Intensität des Zeichners und Verfassers: Hier steckt wirklich Herzblut drin.»
Andreas Platthaus, FAZ

«Sympathisches Buch zum Thema Landeskunde, das sicher auch außerhalb der Zielgruppe seine Freunde finden wird.»
Comicgate.de

«Ein schönes Beispiel dafür, dass auch scheinbar exotische Beiträge Lesefreude und Wiedererkennungswerte bringen können.»
Comicleser.de

Verlag der deutschsprachigen Ausgabe
Chinabooks E. Wolf und E. Wu
Uhlstrasse 6, 8142 Uitikon-Waldegg
www.chinabooks.ch
Tel. 0041 (0)43 540 40 77
Mobil: 0041(0)76 518 45 26, 0041(0)76 414 23 28
Mail: bestellen@chinabooks.ch

Vertrieb an den deutschen Buchhandel
GVA Gemeinsame Verlagsauslieferung Göttingen GmbH & Co. KG
www.gva-verlage.de
Postfach 2021, D-37010 Göttingen
Tel. 0049 (0) 551 384200-0, Fax. 0049 (0) 551 384200-10

Vertrieb an den österreichischen Buchhandel
Mohr Morawa Buchvertrieb GmbH
Sulzengasse 2, A–1230 Wien
Tel. 0043 (1) 680 14-0, Fax. 0043 (1) 688 71 30
Mail: momo@mohrmorawa.at

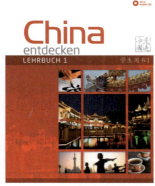 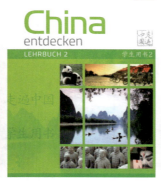    

Reihe China entdecken – Ein kommunikativer Chinesisch-Kurs für Anfänger

- geeignet für Jugendliche und Erwachsene, einsetzbar in der allgemeinen Erwachsenenbildung (Volkshochschule), an Sprachenzentren von Universitäten, in Wirtschaftssinologiestudiengängen und an Gymnasien und Mittelschulen
- moderne Lehrmittelreihe mit Schwerpunkt auf mündlicher Kommunikation für Alltag, Reise und Beruf

Band 1 und 2 legen die Grundlagen, Band 3 führt auf eine Reise durch China, in Band 4 geht es um die Anwendung der Sprache im Berufsalltag und bei Stellengesuchen.

Lehrbuch 1, ISBN: 978-3-905816-51-8
Arbeitsbuch 1, ISBN: 978-3-905816-52-5

Lehrbuch 2, ISBN: 978-3-905816-53-2
Arbeitsbuch 2, ISBN: 978-3-905816-54-9

Lehrbuch 3, ISBN: 978-3-905816-55-6
Arbeitsbuch 3, ISBN: 978-3-905816-56-3
erscheint im 4. Quartal 2016

Lehrbuch 4, ISBN: 978-3-905816-57-0
Arbeitsbuch 4, ISBN: 978-3-905816-58-7
erscheint im 1. Quartal 2017

Reihe Basis Chinesisch

- geeignet für junge Erwachsene und Erwachsene, entwickelt und verwendet an amerikanischen Universitäten, besonders geeignet aber für den Einsatz in Sinologiestudiengängen
- Lerner können selbst entscheiden, ob sie die in der VR China verwendeten Kurzzeichen, die in Taiwan und Hongkong verwendeten Langzeichen oder beide Schriftstandards erlernen wollen
- konsequente Trennung von Erwerb der gesprochenen Sprache und der Schrift, alltagsnahe und authentische Texte, Hinweise zu regionalen Unterschieden
- das ideale Lehrmittel für motivierte Lerner, die sämtliche Fragen zu den

Grundlagen der chinesischen Sprache beantwortet haben und durch gründliche Legung der Grundlagen ein hohes Niveau in der Sprache erreichen wollen

Basis Chinesisch Schreiben
Lehrbuch, ISBN: 978-3-905816-60-0
Arbeitsbuch, ISBN: 978-3-905816-61-7

Basis Chinesisch Sprechen
Lehrbuch, ISBN: 978-3-905816-62-4
Arbeitsbuch, ISBN: 978-3-905816-63-1

  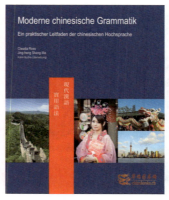 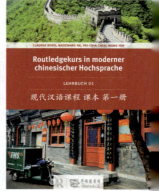

Lernwörterbücher

581 Chinesische Schriftzeichen

ISBN: 978-3-905816-30-3

Chinesisch-Deutsches HSK-Lernwörterbuch. 3000 chinesische Schriftzeichen, 32000 Wörter und Ausdrücke – alle Vokabeln für die neue HSK-Prüfung

ISBN: 978-3-905816-44-0
erscheint im 4. Quartal 2016

Chinesisches Schriftsystem

Chinesische Schriftzeichen lernen – mit System
ISBN: 978-3-905816-64-8

Reihe Chinesisch leicht gemacht

Chinesische Grammatik leicht gemacht
ISBN: 978-3-905816-33-4

Chinesische Zähleinheitswörter leicht gemacht
ISBN: 978-3-905816-34-1

Chinesische Redewendungen leicht gemacht
ISBN: 978-3-905816-35-8

Grammatik und Wortschatz

Moderne chinesische Grammatik – Ein praktischer Leitfaden der chinesischen Hochsprache

- eine anwenderfreundliche Grammatik der renommierten US-Sinologin Claudia Ross
- leichtverständlich geschrieben, aber doch genau und detailliert
- die englische Ausgabe ist seit Jahren ein Bestseller
- deutsche Ausgabe basiert auf der 2. aktualisierten Neuauflage der englischsprachigen Ausgabe von 2014

Lehrbuch, ISBN: 978-3-905816-45-7
erscheint im 3. Quartal 2016

Übungsbuch, ISBN: 978-3-905816-46-4
erscheint im 3. Quartal 2016

Reihe Routledge Kurs in moderner chinesischer Hochsprache

- innovativer Ansatz: Lautumschrift Pinyin verschwindet nach Einführung der Schriftzeichen nach und nach aus den Texten, wodurch es ermöglicht wird, den Lerner schrittweise an die Schriftzeichen heranzuführen, der Erwerb der Schriftzeichen bremst dadurch nicht den schneller möglichen Erwerb der gesprochenen Sprache
- hervorragendes, umfangreiches und abwechslungsreiches Übungsmaterial wie sonst in kaum einem Lehrwerk

Lehrbuch 1, ISBN: 978-3-905816-47-1
Arbeitsbuch 1, ISBN: 978-3-905816-48-8
erscheint im 4. Quartal 2017

Lehrbuch 2, ISBN: 978-3-905816-49-5
Arbeitsbuch 2, ISBN: 978-3-905816-50-1
erscheint im 4. Quartal 2018

Zweisprachige Comics

Sean Chuang: Meine 80er-Jahre – Eine Jugend in Taiwan

- nostalgische Erinnerungen an eine Jugend in Taiwan der späten 70er- und 80er-Jahre, einem Land im Umbruch

SBN: 978-3-905816-59-4

Zweisprachige Lektüren

Gela wird erwachsen und andere Erzählungen aus China

- Kurzgeschichten bekannter chinesischer Autoren, u.a. Mo Yan, Alai, Ye Zhaoyan
- mit Vokabelanmerkungen und Übungsaufgaben mit Lösungsschlüssel für fortgeschrittene Chinesischlerner

ISBN: 978-3-905816-19-8

Zweisprachige Comics

Enzo: Ein Jahr lang Schüler 34 in Klasse A

- Kindheitserinnerungen im Taiwan der 80er-Jahre, Bilderbuchroman über schulischen Leistungsdruck, Rebellion und Anpassung

ISBN: 978-3-905816-32-7

Reihe Das Neue Praktische Chinesisch

- geeignet für junge Erwachsene und Erwachsene, wird in verschiedensten Bereichen eingesetzt
- besonders geeignet für den Einsatz in Sinologiestudiengängen
- der Klassiker unter den Chinesischlehrmitteln
- zählt weltweit zu den am meisten verwendeten Chinesischlehrmitteln

Lehrbuch 1, ISBN: 978-3-905816-00-6
Arbeitsbuch 1, ISBN: 978-3-905816-01-3

Lehrbuch 2, ISBN: 978-3-905816-02-0
Arbeitsbuch 2, ISBN: 978-3-905816-03-7

Lehrbuch 3, ISBN: 978-3-905816-39-6
Arbeitsbuch 3, ISBN: 978-3-905816-40-2

Zweisprachige Comics

heng Wen: Helden der östlichen hou-Zeit

Episoden aus dem Leben historischer Figuren, die in einer von blutigen Machtkämpfen, Intrigen und territorialen Konflikten geprägten Epoche im antiken China lebten, die aber gleichzeitig kulturell äusserst fruchtbar war und viele der wichtigsten Denker der chinesischen Geistesgeschichte hervorgebracht hat.

Band 1: Wege zum Ruhm.
ISBN: 978-3-905816-66-2

Band 2: Wiedersehen in der Unterwelt.
ISBN: 978-3-905816-67-9

Band 3: Der König der Kraniche.
ISBN: 978-3-905816-68-6

Sternennacht

Jimmy Liao
ins Deutsche übersetzt von Marc Hermann

Eine Geschichte über das Erwachsenwerden.
Ein Bilderbuchroman für Jugendliche und Erwachsene vom einflussreichsten Bilderbuchkünstler Asiens.

ISBN: 978-3-905816-69-3

【化缘】

【战国儿童】

【孙膑】

【战国骑士】

【战国仕女】

东周英雄传 贰

掌管 zhǎngguǎn	verwalten, leiten, führen
傻乎乎 shǎhūhū	dumm, töricht
孝顺 xiàoshùn	(den Eltern gegenüber) pietätvoll, pflichtgetreu und gehorsam
皇室 huángshì	kaiserliche Familie, Herrscherhaus
斗争 dòuzhēng	Machtkämpfe austragen, Machtkampf
打仗 dǎzhàng	Krieg führen
避难所 bìnàn suǒ	Zufluchtsort, Zufluchtsstätte
传言 chuányán	Gerücht, Gerede
灾难 zāinàn	Katastrophe, Unglück
郑庄 zhèngzhuāng 公 gōng	Fürst/Herzog Zhengzhuang
自刎 zìwěn	sich die Kehle durchschneiden
母后 mǔhòu: 古代皇帝对母亲的称呼	königliche Mutter, Mutter des Herrschers
憎恨 zēnghèn	hassen; Hass
容忍 róngrěn	dulden, ertragen, tolieren
退让 tuìràng	nachgeben, Zugeständnisse machen
偏心 piānxīn	Voreingenommenheit, Vorliebe, Bevorzugung, Parteilichkeit
内应 nèiyìng	jd, der im Inneren des Landes mit äußeren, feindlichen Kräften zusammenarbeitet – eingeschleuster Agent, Kollaborateur
死而无憾 sǐ ér wú hàn	ohne Bedauern sterben können
主公有令 zhǔgōng yǒu lìng	seine Hoheit hat den Befehl erlassen
誓不相见 shì bù xiāng jiàn	schwören, sich nicht mehr zu sehen
启程 qǐchéng	aufbrechen, eine Reise antreten
大逆不道 dànìbùdào	frevlerisch, lasterhaft, hochverräterisch, moralisch verkommen
罪人 zuìrén	Sünder, Missetäter, Verbrecher
流放 liúfàng	verbannen
颖 yǐng：地名	(Ortsname)
朴实 pǔshí	schlicht, einfach; aufrichtig ehrlich, solide, anständig
柴火 cháihuǒ	Brennholz
混蛋 húndàn	Idiot, Trottel, Lump, Schweinehund
省省 xǐng xǐng	hier: sich einer Sache bewusst werden, erwachen; sich kritisch prüfen
小民 xiǎo mín	(hier Selbstanrede) gewöhnlicher Bürger, kleine Leute, einfacher Mann
献 xiàn	darbieten, darbringen, schenken
野味 yěwèi	Wildfleisch
品尝 pǐncháng	probieren, kosten
滚开 gǔn kāi	sich davonscheren, abhauen, verschwinden
鸮 xiāo	Eule, eine Eulenart
猫头鹰 māotóuyīng	Eule
割 gē	abschneiden, abtrennen
奉食 fèng shí	jn Essen darbringen
违背誓言 wéibèi shìyán	einen Schwur/Eid brechen
恕罪 shù zuì	js Vergehen verzeichen/vergeben
老身 lǎoshēn	(Selbstanrede einer betagten Person)
罪过 zuìguo	Fehler, Schuld, Vergehen
执辔为前导 zhí pèi wèi qiándǎo	das Zaumzeug halten und führen/vorangehen
同归 tóng guī	gemeinsam zurückkehren
无不雀跃 wúbù quèyuè	da war niemand, der nicht vor Glück Freudensprünge machte / in Freudentaumel geriet
多亏 duōkuī	dank, zum Glück, glücklicherweise
袖子 xiùzi	Ärmel
爵位 juéwèi	Adelsrang, Adelstitel
执着 zhízhuó	hartnäckig, eigensinnig, halsstarrig
默默无闻 mòmòwúwén	(der Öffentlichkeit) unbekannt, keinen bedeutenden Ruf besitzen

前来应战 qián lái yìngzhàn	hervortreten und (mit jm) den Kampf aufnehmen
将军 jiāngjūn	General, hoher Kommandeur
神勇 shényǒng	außerordentlich tapfer
赠 zèng	schenken
高官厚禄 gāoguān hòu lù	hohter Beamtentitel und reichliches Beamtengehalt
重用 zhòngyòng	jn auf eine wichtige Stelle setzen, jn mit einem bedeutenden Amt betrauen
抛弃 pāoqì	wegwerfen, etw./jn im Stich lassen
投降 tóuxiáng	sich ergeben, kapitulieren
敌国 díguó	Feindesland, verweindeter Staat
背负君命 bēifù jūnmìng	dem Befehl des Herrschers zuwiderhandeln
并不在乎 bìng bùzàihu	sich überhaupt nicht um etwas scheren, sich gar nichts nichts aus etw. machen, sich überhaupt nicht um etw. kümmenr
旗开得胜 qíkāidéshèng	den Sieg errringen, sobald das Banner entfaltet ist – zu schnellen Erfolgen kommen
佩服 pèifú	bewundern, hochachten
待遇 dàiyù	Behandlung; Stellung, Position; Belohnung, Vergütung
轻视 qīngshì	geringschätzen, verachten, unterschätzen, keine Bedeutung beimessen
决心 juéxīn	Entschlossenheit, sich zu etw. entschließen
黎比 lí bǐ 公 gōng：莒国大王	(Name des Herrschers des Reiches Ju)
侠道 xiádào	enger/schmaler Pfad/Durchgang
熊熊炭火 xióngxióng tànhuǒ	loderndes/emporflammendes Kohlenfeuer
舍生取义 shěshēngqǔyì	sein Leben für eine gerechte Sache opfern
名留百世 míng liú bǎishì	der Name überdauert hundert Generationen – ewigen Ruhm erlangen
悲哀 bēi'āi	traurig, betrübt
烧炭 shāo tàn	Kohle verbrennen
火攻 huǒ gōng	Feuerangriff
包了铜皮 bāole tóng pí	von einer Schicht aus Kupfer umhüllt sein
力尽被擒 lì jìn bèi qín	die Kräfte waren erschöpft (und daher) wurden (sie) gefangengenommen
无奈 wúnài	ratlos/hilflos sein, nichts tun können, keinen Rat wissen, keinen Ausweg sehen
温车 wēn chē	gepolsterte Kutsche zum Schlafen
华辇 huá niǎn	geschmückter kaiserlicher Kutschenwagen
遗体 yítǐ	sterbliche Überreste
归还 guīhuán	zurückgeben
化成灰烬 huàchéng huījìn	sich in Asche verwandelt haben
蝼蚁 lóuyǐ	Maulwurfsgrillen und Ameisen – unbedeutende Leute
轻微 qīngwēi	leicht, gering, geringfügig, bedeutungslos
华丽 huálì	prächtig, schön
壮绝 zhuàng jué	unvergleichlich grandios, äusserst großartig

英雄之十六 黄泉相见 颍考叔

黄泉 Huángquán	die gelben Quellen – Unterwelt, Jenseits
颍考叔 Yǐng Kǎoshū：人名	(Name einer Person)
提水 tí shuǐ	Wasser schöpfen
疯和尚 fēng héshàng	verrückte (buddhistische) Mönche
间断 jiànduàn	unterbrechen
步履轻浮 bùlǚ qīngfú	mit leichten (d.h. unsicheren) Schritten
两臂无力 liǎng bì wúlì	die beiden Arme sind kraftlos
老母 lǎomǔ	alte Mutter
欢颜 huānyán	fröhliche Miene, glücklicher Gesichtsausdruck
陷阱 xiànjǐng	Falle
郑国 zhèng guó	das Reich Zheng
主公 zhǔgōng	Regent, Hoheit, Herrscher
胡说 húshuō	Unsinn reden, dummes Zeug faseln
乱讲 luàn jiǎng	Unsinn reden, dummes Zeug faseln, unbedachte Äußerungen von sich geben
太后 tàihòu	Mutter des Herrschers, Wittwe des ehemaligen Herrschers
硬逼 yìng bī	jn hartnäckig zu etw. zwingen
京城 jīngchéng	Hauptstadt
共叔 gòng shū = 段 duàn：人名	(Name einer Person)
国都 guódū	Landeshauptstadt

气节 qìjié	moralische Standhaftigkeit / Integrität
怀念 huáiniàn	an ... denken, sich nach ... sehenen, an jn gedenken
清明节 qīngmíng jié	"Fest des hellen Lichts" – chinesisches Totenfest zum Gedenken an Verstorbene
寒食节 hánshí jié	"Fest des kalten Essens"
柳条 liǔtiáo	Weidenzweig
魂 hún	Seele
野祭 yě jì	Wildopfer

英雄之十五壮绝三勇士隰侯重,华周,杞梁

隰侯重 Xí Hóuzhòng：人名	(Name einer Person)
华周 Huá Zhōu：人名	(Name einer Person)
杞梁 Qǐ Liáng：人名	(Name einer Person)
乡亲父老 xiāngqīn fùlǎo	Angehörige der (eigenen) Dorfgemeinschaft und Dorfälteste
辜负 gūfù	(Hoffnungen, Erwartungen) enttäuschen, sich einer Sache als nicht würdig erweisen
期望 qīwàng	Hoffnung, Erwartung
消息 xiāoxi	Nachricht, Neuigkeit
盐 yán	Salz
齐庄 qí zhuāng 公 gōng	Herzog/Fürst Qi Zhuang
广征 guǎng zhēng	in grossen Zahlen anwerben/rekrutieren
勇士 yǒngshì	Kämpfer, Krieger, mutiger Kerl
亲卫队 qīn wèiduì	Leibgarde; militärische Elitetruppe zur Beschützung des Herrschers
横行天下 héngxíng tiānxià	unter dem Himmel (d.h. in der Welt) blindwütig rasen, wüten
条件 tiáojiàn	Bedingung, Voraussetzung
举千斤 jǔ qiānjīn	ein Gewicht von 1000 Jin (chin. Gewichseinheit) heben können
射穿 shè chuān	durchschießen
木板 mùbǎn	Holzbrett
'五乘之宝' 'wǔ chéng zhī bǎo'	"Der Schatz der fünf Streitwagen"
生肖 shēngxiào	zwölf Tierkreiszeichen im chinesischen Horoskop
头盔 tóukuī	Helm
享 xiǎng	genießen, sich an etw. erfreuen
士大夫 shìdàfū = 官位	(ein Beamtentitel)
禄 lù	Beamtengehalt
亦即 yì jí	nämlich, d. h.
鼠 shǔ	Maus; Ratte
举鼎 jǔ dǐng	den *Ding* (antiker Kochtopf) heben
射箭 shèjiàn	Pfeile schießen
证明实力 zhèngmíng shílì	seine wahre Stärke beweisen
勇武 yǒngwǔ	tapfer, heldenhaft, kühn, mutig
干脆 gāncuì	hier: einfach, ohne weiteres, geradezu
辞官 cí guān	ein öffentliches Amt niederlegen, einen Beamtenposten kündigen/aufgeben
溶完 róng wán	sich aufgelöst haben
恭喜 gōngxǐ	jn beglückwünschen, jm gratulieren
封位 fēng wèi	verliehener Titel, verliehene Position
展示武艺 zhǎnshì wǔyì	(seine) Kampfkünste vorführen/demonstrieren
互相勉励 hùxiāng miǎnlì	einander ermutigen/anspornen
耻辱 chǐrǔ	Schande, Schmach, Erniedrigung
洗涮委屈 xǐ shuàn wěiqu	sich von einer erlittenen Ungerechtigkeit / erlittenem Unrecht / einer ungerechten Kränkung reinwaschen
弃官逃跑 qì guān táopǎo	seinen Beamtenposten aufgeben und forlaufen
莒国 jǔ guó	das Reich Ju
平阴 píng yīn: 地名	(Ortsname)
偷袭 tōuxí	einen Überraschungsangriff durchführen, überfallen
先锋 xiānfēng	Vorhut, Avantgarde
驾车 jiàchē	einen Wagen lenken/steuern
当兵 dāng bīng	als Soldat (in der Armee) dienen
一事无成 yīshìwúchéng	nichts erreicht haben, nichts zustande gebracht haben, erfolglos sein
瞧得起 qiáodéqǐ	von jm etw. halten, jn respektieren, jn schätzen
黎明 límíng	Morgengrauen, Morgendämmerung
压境 yājìng	(feindliche Truppen) sich der Grenze nähern
巡查边境 xúnchá biānjìng	an der Grenze patrouillieren

不辞劳苦 bùcí láokǔ	sich nicht vor Strapazen drücken – keine Mühen scheuen
追随 zhuīsuí	jm folgen, hinter jm herlaufen
苟安 gǒu'ān	in den Tag hinein leben, nur nach momentaner Bequemlichkeit trachten, das Leben leicht nehmen und sich nicht um Verantwortlichkeiten kümmern
度日 dù rì	sein Leben fristen, dahinleben
劫 jié	rauben, plündern; entführen; zwingen
养蚕 yǎng cán	Seidenraupen züchten / halten
投奔 tóubèn	bei jm Schutz/Zuflucht suchen
苦劝 kǔ quàn	eindringlich raten, jn. inständig zu etw. drängen
奈何 nàihé	hier: was nun / wie nur / wie auch immer (es nützte nichts)
执意不肯 zhíyì bù kěn	darauf beharren/bestehen, etw. nicht zu wollen – sich gegen etw. streben
灌醉 guàn zuì	jn betrunken machen (wörtlich: füllen bis zur Betrunkenheit)
贤德 xiándé	Tugendhaftigkeit; tugendhaft
千古 qiāngǔ	ewig, für alle Zeiten
狐偃 hú yǎn：人名	(Name einer Person)
舅舅 jiùjiu	Onkel (mütterlicherseits)
无道 wú dào	ohne Moral
眷念 juànniàn	sich nach etw. sehnen, nach etw. Sehnsucht empfinden
儿女私情 érnǚ sī qíng	
私情 sīqíng	persönliche Beziehungen, persönliche Rücksichten, private Beziehungen, persönliche Gefühle zu jm
不愁 bù chóu	sich nicht über etw. sorgen
终身大计 zhōngshēn dàjì	einschneidendes Ereignis oder großer Plan im ganzen Leben
太子匡 tàizǐ kuāng	Kronpring Kuang
拥立 yōng lì	jn unterstützen (den Thron zu besteigen)
改拥 gǎi yōng	die Unterstützung (zu einer anderen Person) wechseln, jm anderem die Unterstützung gewähren
不料 bùliào	unerwartet, unvorhergesehen, etw. nicht vorausgesehen haben
反受其害 fǎn shòu qí hài	(durch etwas) wider Erwarten / im Gegenteil Schaden erleiden
恨意 hèn yì	Haß
晋文 jìn wén 公 gōng	Fürst/Herzog Jinwen
朝贺 cháo hè	(beim Herrscher) eine Audienz haben, um ihn zu beglückwünschen
封赏 fēngshǎng	jn zur Belohnung mit Titeln oder Land belehnen
逃避 táobì	ausweichen, entfliehen, aus dem Weg gehen
民心所归 mínxīn suǒ guī	(etw.) entspricht dem Volkswillen
水到渠成 shuǐdàoqúchéng	strömendes Wasser gräbt sich mit der Zeit ein Bett (aus strömendem Wasser bildet sich ein Kanal) – sind die Bedingungen vorhanden, stellt sich der Erfolg bald von selbst ein
不知天意 bùzhī tiānyì	nichts von dem göttlichen Willen wissen
争据功劳 zhēng jù gōngláo	miteinander um Verdienste ringen/wetteifern
居官 jū guān	einen Beamtenposten innehaben/bekleiden
草鞋 cǎoxié	Strohsandalen
绵山 mián shān：地名	(Ortsname)
风景秀丽 fēngjǐng xiùlì	schöne Landschaft
归隐 guīyǐn	auf dem Land in Abgeschiehenheit als Einsiedler leben
廉士 liánshì	ehrliche, unkorrumpierbare Person
落寞寡欢 luòmò guǎhuān	einsam, verlassen
悲嚎 bēi háo	traurig heulen
洞穴 dòngxué	Höhle
栖身之地 qīshēn zhī dì	ein Ort, um sich niederzulassen; Unterkunft, Bleibe
哭号 kū hào	weinen, heulen
怨词 yuàn cí	Beschwerde, Worte der Klage
独漏 dú lòu	(jn) ale einzigen auslassen / übersehen
贺使 hè shǐ	zur Gratulation entsendete Gesandten, Gratulanten
悬书 xuán shū	(gegen Herrschende gerichtete) Klageschrift
耻于求赏 chǐ yú qiú shǎng	sich davor schämen, eine Belohnung zu verlangen
孝顺 xiàoshùn	(gegenüber Eltern) pietätvoll und gehorsam
岂 qǐ	(in rhetorischen Fragen) wie nur (ist es möglich/kann es sein ...)?
羞辱 xiūrǔ	jn beleidigen, beschämen, demütigen; Scham, Schmach, Schande
熄灭 xīmiè	aus-, verlöschen
枯树 kū shù	verdorrter/ausgetrockneter/dürrer Baum
崇高 chónggāo	hoch, erhaben, edel

英雄之十四 介子推

介子推 Jiè Zǐtuī: 人名	(Name einer Person)
重耳 Chòng'ěr 晋文公姬姓,名重耳,谥号曰"文",侯爵,称"晋侯重耳",简称"晋重耳".春秋时代第一强国的缔造者,开创了晋国长达一个多世纪的中原霸权。和舜的"姚重华"的"重"一样，都表示双重的意思。因为据记载，晋文公（姬重耳）的耳垂是双重的。)	(Name einer Person)
晋国落难公子 Jìn guó luònàn gōngzǐ	ein in Not geratener Prinz/Fürstensohn aus dem Reich Jin
食物 shíwù	Lebensmittel, Esswaren, Essbares
石碗 shí wǎn	irdene Schüssel
无理 wúlǐ	unvernünftig; grundlos, unberechtigt
村夫 cūn fū	Dörfler, Dorfbewohner; grober Tölpel
戏弄 xìnòng	jn necken, foppen, jn zum Narren/Besten halten
可恶 kěwù	abscheulich, verabscheuenswürdig
息怒 xīnù	(seinen) Zorn unterdrücken (wörtlich: löschen)
根本 gēnběn	hier: Grundlage, Basis
征兆 zhēngzhào	Anzeichen, Vorzeichen, Omen
动怒 dòngnù	zornig werden, sich entrüsten, in Wut geraten
拜受 bài shòu	etw. ehrerbietig entgegennehmen
白痴 báichī	Idiot, Schwachsinnige(r)
龙门山 Lóngmén shān: 地名	Longmen Gebirge (Ortsname)
秦穆 Qín Mù 公 gōng	Prinz/Fürstensohn Qin Mu
打败 dǎbài	jn besiegen
晋惠 jìn huì 公 gōng	Prinz/Fürstensohn Jin Hui
夷吾 yíwú: 人名	(Name einer Person)
俘虏 fúlǔ	Kriegsgefangener; (im Krieg) gefangennehmen
释放 shìfàng	jn freilassen, entlassen, befreien
不固 bù gù	nicht gefestigt/fest/solide, instabil
兄长 xiōngzhǎng	älterer Bruder
随从 suícóng	jm folgen, jn begleiten; Begleiter, Gefolge
逃离 táolí	fliehen, flüchten
卫国 wèi guó	das Reich Wei
将就 jiāng jiù	zur Not, als Notbehelf, notgedrungen, mit etw. vorlieb nehmen
野菜 yěcài	wilde Kräuter, Wildgemüse
饿晕 è yūn	aus Hunger in Ohnmacht fallen
闭城 bì chéng	die Stadt schliessen – die Stadt abriegeln, den Zugang zur Stadt verwehren
不尽地主之谊 bù jìn dìzhǔ zhī yì	sich nicht gastfreundlich zeigen, seinen Verpflichtungen als Gastgeber nicht nachkommen
抢 qiǎng	hier: rauben, plündern
村落 cūnluò	Dörfchen, Weiler
怪 guài	hier: jm etw. vorwerfen, jm schuld geben
强盗 qiángdào	Räuber
孝子 xiàozǐ	einen seinen Eltern gegenüber pietätvoller und gehorsamer Sohn
侍奉 shìfèng	für jn sorgen, jm sor Verfügung stehen, jn bedienen, jm aufwarten
主君 zhǔjūn	sein (betreffender) Monarch/Herrscher/Gebieter
割下 gē xià	abschneiden, herunterschneiden
大腿 dàtuǐ	Oberschenkel
服用 fúyòng	hier: (Medzin/Nahrung) einnehmen
亡命 wángmìng	ins Exil gehen, ins Exil flüchten
天涯 tiānyá	die Ränder des Himmels – die Grenzen der Welt, die entlegendsten Winkel der Erde
连累 liánlèi	jn in etw. hineinziehen/verwickeln, jn in Mitleidenschaft ziehen
义理 yìlǐ	hier: (religiöse/moralische) Doktrin, moralische Verhaltensrichtlinien, Verhaltenskodex, moralischer Grundsatz
奢望 shēwàng	übertriebene Hoffnungen hegen; überzogene Hoffnungen
忍饥挨饿 rěn jī ái è	Hunger erleiden/ertragen
齐桓 qí huán 公 gōng 小白 xiǎobái: 齐国国王	(Name des Herrschers des Reiches Qi)
管仲 guǎnzhòng: 人名	(Name einer Person)
姜氏 jiāng shì: 人名	(Name einer Person)
嫁 jià	(einen Mann) heiraten, (eine Tochter) verheiraten
乐不思蜀 lèbùsīshǔ	die Annehmlichkeiten des Lebens genießen und darüber seine Heimat vergessen
诸侯 zhūhóu	Lehnsfürsten
叛乱 pànluàn	rebellieren, meutern

虽有残害 suī yǒu cánhài	obwohl/zwar beschädigt
但无大凶 dàn wú dàxiōng	aber ohne (in) grosses Unheil (geraten zu sein)
敬重 jìngzhòng	verehren, respektieren, hochschätzen
客卿 kèqīng	hoher Beamter in einem Gastland, Beamtentitel für ausländischen Gelehrten in fremdem Staatsdienst
模仿 mófǎng	nachahmen, imitieren, nachmachen, fälschen
笔记 bǐjì	Handschrift, Schriftzug
诬陷 wūxiàn	jm. etw. anhängen, jn. verleumden, jn. fälschlich beschuldigen
私通 sī tōng	heimliche Kontakte zu jm. haben, heimlich mit jm. kollaborieren
枉费 wǎngfèi	etw. umsonst verschwenden, vergebens verbrauchen, vergeuden
寡人 guǎrén	(Selbstanrede des Herrschers)
诚心 chéngxīn	ehrlich, aufrichtig, aus ganzem Herzen
委任 wěirèn	ernennen, berufen, bestellen
再三 zàisān	immer wieder, abermals, wiederholt
性命 xìngmìng	Leben
托保 tuō bǎo	für jn. Garantie leisten, garantieren
膑刑 bìn xíng	Bestrafung durch Entfernung der Kniescheibe (im alten China)
黥面 qíng miàn	jm ein Schandmal ins Gesicht tätowieren (als Strafe im alten China)
法制 fǎzhì	Rechtssystem
愚弟 yúdì	(bescheidene Selbstanrede) dein törichter Bruder
残废 cánfèi	verkrüppelt, verstümmelt, versehrt
报答 bàodá	jm. etw. erwidern, vergelten, sich für etw. erkenntlich zeigen
妒忌 dùjì	(be)neiden, Neid gegen jn hegen
锦囊 jǐn náng	Beutel aus Brokat (mit weisen Ratschlägen für einen Notfall)
诈疯魔 zhà fēngmó	sich verrückt stellen; vorgeben, geisteskrank zu sein
改名 gǎimíng	einen Namen ändern, eine Namensänderung vornehmen
提醒 tíxǐng	jn. an etw. erinnern, ermahnen
可怜 kělián	jn. bemitleiden; bemitleidentswert, mitleiderregend
遭遇 zāoyù	hartes Los, bitteres Schicksal, unglückliche Erfahrungen
卿表敬意 qīng biǎo jìngyì	der Beamte/Minister (möchte hiermit) seine Hochachtung/Ehrerbietung zeigen
毒害 dúhài	jn. vergiften
天兵相助 tiānbīng xiāngzhù	die Unterstützung himmlischer Soldaten
奈何不了 nàihé bùliǎo	gegen jn nicht tun können, jm nichts anhaben können
猪粪 zhū fèn	Schweinekot, Schweinemist
齐威王 Qí Wēi wáng：齐国国王	(Name des Herrschers des Reiches Qi)
岂非 qǐfēi	(in rhetorischen Fragen) wie könnte es nicht so sein?: (das ist) nichts anders als ...
遵命 zūnmìng	(wir) folgen dem Befehl; wie Ihr befiehlt
贡茶 gòng chá	Tee als Tributgeschenk darbringen
以…名义 yǐ…míngyì	dem Namen nach, dem Schein nach, etw. als offiziellen Grund benutzen
田忌 Tián Jì：齐国大将 Qí guó dàjiàng	(Name eines Generals des Reiches Qi)
伐韩 fá Hán	einen Feldzug gegen das Reich Han unternehmen
攻魏救韩 gōng wèi jiù hán	das Reich Wei angreifen, um das Reich Han zu retten
引诱 yǐnyòu	verführen, verlocken, verleiten, in Versuchen führen
中计 zhòng jì	in eine Falle gehen, in js Falle tappen, von jm überlistet werden
灶台 zào tái	hier: Kochstellen
庞大 pángdà	gewaltig, kolossal
不可小觑 bùkě xiǎo qù	nicht zu verachten sein, nicht unterschätzen sollen
探子回报 tànzi huíbào	der Späher/Spion berichtet(e)
马陵道 Mǎ líng dào：地名	(Ortsname)
军师 jūnshī	Militärberater (im chinesischen Altertum)
沙鹿山 Shā lù shān：地名	Shalu Berg (Ortsname)
神算 shénsuàn	unglaublich genaue Voraussage; raffinierte List
各率 gè shuài	ein jeder (von euch) befehligt/kommandiert
弓弩手 gōng nǔ shǒu	Armbrustschützen
断木挡道 duàn mù dǎng dào	umgeknickte/gefällte Bäume blockieren den Weg
地势险恶 dìshì xiǎn'è	das Gelände ist gefährlich
设下路障 shè xià lùzhàng	eine Straßenblockade errichten
退 tuì	sich zurückziehen
射 shè	schießen, feuern
携手 xiéshǒu	Hand in Hand

	Reiche)
萎谢 wěixiè	verwelken, verdorren, schlaff werden
建立功名 jiànlì gōngmíng	akademische oder amtliche Titel/Würden erwerben
魏国 Wèi guó	das Reich Wei
切记 qièjì	sich etw. tief einprägen, immer an etw. denken
欺人 qī rén	hier: jemanden schikanieren/tyrannisieren/quälen
日后必反 rìhòu bì fǎn	in der Zukunft wird (es) sich sich ins Gegenteil verkehren
临别 línbié	kurz vor der Trennung, beim Abschied
赠 zèng	(be)schenken
遇羊则荣 yù yáng zé róng	wenn (du) auf ein Schaff trifft, wird (dir) Ehre zuteil
遇马则瘁 yù mǎ zé cuì	wenn (du) auf ein Pferd triffst, kommt die Erschöfpung / der Niedergang
教诲 jiàohuì	belehren, unterweisen
八拜之交 bābàizhījiāo	Verbrüderung, Bund der Freundschaft
推荐 tuījiàn	empfehlen, vorschlagen
功业 gōngyè	Heldentaten, Errungenschaften, Verdienste
贤弟 xián dì	mein werter Freund, mein teurer Bruder
此话当真 cǐ huà dàngzhēn	(ich) nehme (dich) beim Wort, wörtl.: diese Worte nehme (ich) ernst / als wahr an
重誓 zhòng shì	ein ernster/schwerwiegender Schwur/Eid
后会有期 hòuhuìyǒuqī	wir werden uns in der Zukunft wiedersehen (Floskel beim Abschied)
同学之谊 tóngxué zhī yì	Freundschaft zwischen Mitschülern
兄弟之情 xiōngdì zhī qíng	Gefühle/Verbundenheit zwischen Brüdern
舍得 shědé	etw. gerne abgeben, bereit sein, etw. zu opfern/auf etw. zu verzichten, etw. übers Herz bringen
祖父 zǔfù	Großvater
吴王 Wú wáng: 无国国王	Herrscher des Reiches Wu
谋略 móulüè	Strategie, List, Stratagem
大破楚师 dàpò chǔ shī	die Meister von Chu vernichtend geschlagen haben
爱惜 àixī	wertschätzen, mit etw. sorgsam umgehen, schonen
藏于密室 cáng yú mìshì	in einem Geheimzimmer aufbewahren
失传 shīchuán	in Vergessenheit geraten sein, verloren gegangen sein, abhanden gekommen sein
向有交往 xiàng yǒu jiāowǎng	seit jeher miteinander Umgang gehabt haben
秘密 mìmì	Geheimnis; geheim
皆在其中 jiē zài qízhōng	alle sind / alles ist darin
心术忠厚 xīnshù zhōnghòu	vertrauenswürdige/lautere Absichten/Intentionen
传授 chuánshòu	lehren, beibringen, unterweisen, überliefern
岂可 qǐkě	(in rhetorischen Fragen) wie könnte (ich)nur ?
误会 wùhuì	missverstehen; Missverständnis
功名有望 gōngmíng yǒuwàng	es gibt gute Aussichten auf (akademische oder amtliche) Würden
草民 cǎomín	gewöhnliche Leute, einfaches Volk, einfacher Mensch (abschätzig oder bescheiden)
弟子 dìzǐ	Schüler, Jünger
尽得 jìn dé	voll/ganz/all erhalten/bekommen
精华 jīnghuá	Auslese, Blüte, Essenz, Elite, das Beste vom Besten
兼并天下 jiānbìng tiānxià	sich alles (Land) unter dem Himmel einverleiben (die Welt oder China)
指日可待 zhǐrìkědài	in absehbarer Zeit zu erwarten, es wird sich in naher Zukunft verwirklichen, zum Greifen nahe, nur eine Frage der Zeit sein bis
名动列国 míng dòng lièguó	(sein) Name/Ruf versetzt sämtliche Länder in Aufruhr – länderübergreifendes Renommee besitzen
魏王大喜 wèi wáng dàxǐ	der Herrscher von Wei war verzückt
元师 yuán shī	Oberbefehlshaber eines Heeres
侵略 qīnlüè	(in ein fremdes Land) eindringen, einfallen, angreifen
墨翟 Mò Dí = 莫弟 Mò Dì	(Name eines Philosophen des chinesischen Altertums)
秘传 mì chuán	geheime Überlieferung, Geheimlehre
微臣 wēi chén	(Selbstanrede) unbedeutender Beamter, geringer Diener
夺宠 duó chǒng	(jemandem) die Gunst streitig machen
占卜 zhānbǔ	wahrsagen, orakeln, js. Schicksal voraussagen
此行凶吉 cǐ xíng xiōng jí	Glück und/oder Unglück dieser Reise
菊花 júhuā	Chrysantheme
残缺 cánquē	unvollständig, fehlerhaft; beschädigt, versehrt
可耐严寒 kě nài yánhán	bittere Kälte aushalten können

激赏 jīshǎng	hochschätzen, würdigen, verehren
维护 wéihù	beschützen, bewahren, verteidigen
攻城野战 gōng chéng yězhàn	Angriffe auf Städte und offene Feldschlachten
扩土保疆 kuò tǔ bǎo jiāng	das Territorium ausdehnen und die Grenzen schützen
功劳 gōngláo	Verdienste, verdienstvolle Leisung
逞口舌 chěng kǒushé	mit seinen Überredungskünsten aufschneiden, seine Überzeugungskünste / sein Redetalent zur Schau stellen
之 zhī	(Pronominalpartikel, wie 的)
徒 tú	Kerl, Person
卑贱 bēijiàn	(Stand, Herkunft) gering, niedrig; (Gesinnung) gemein, niedrig
位居其下 wèi jū qí xià	in der Rangordnung / Rangliste unterhalb von (ihm) platziert sein
耻辱 chǐrǔ	Schande, Schmach, Erniedrigung, Demütigung
托病 tuōbìng	Krankheit vorschützen, unter dem Vorwand einer Erkrankung (fernbleiben, absagen ...)
出席 chūxí	erscheinen, teilnehmen, anwesend sein
早朝 zǎocháo	Morgenaudienz
争位 zhēng wèi	um die Rangposition/Rangpositionierung kämpfen, sich einander den Rang streitig machen
仰慕 yǎngmù	zu jm aufschauen, jn respektieren, jn verehren
出众 chūzhòng	hervorragend, überragend, außergewöhnlich
行谊 xíngyì	(moralisches) Benehmen, Betragen; (grosse) Handlungen, Taten
抨击 pēngjī	attackieren, verurteilen, anprangern, scharf kritisieren, angreifen
露面 lòumiàn	sich sehen lassen, öffentlich in Erscheinung treten
未免 wèimiǎn	hier: ziemlich, wirklich
胆小怕事 dǎn xiǎo pàshì	überängstlich sein, sehr feige sein
位居 wèi jū	den Rang von/eines ... innehaben
相位 xiàngwèi	Kanzlerrang
大庭广众 dàtíngguǎngzhòng	in aller Öffentlichkeit, vor aller Augen
呵斥 hēchì	jemanden heftig ausschelten, heruntermachen
羞辱 xiūrǔ	jemanden beleidigen, beschämen, demütigen; Schmach, Schande
群臣 qún chén	Gruppe/Menge/Ansammlung von Beamten
斗气 dòuqì	aus persönlichem Groll / Ressentiment mit jm zanken, aus Miß-gunst mit jemandem im Streit liegen
两虎相争 liǎng hǔ xiāng zhēng	zwei Tiger kämpfen gegeneinander – Kampf zweier mächtiger Opponenten
两全 liǎng quán	beide Seiten/Aspekte berücksichtigen, vorteilhaft für beide Seiten
急奔 jí bēn	hastig herbeieilen
背负荆条 bēifù jīngtiáo	eine Dornenrute auf dem Rücken tragen
鄙人 bǐrén	(bescheidene Selbstanrede) meine Wenigkeit
志量 zhì liàng	Ziele/Ambitionen und Bestrebungen/Ideale
窄浅 zhǎi qiǎn	engherzig/kleinlich und oberflächlich
责罚 zéfá	bestrafen, ahnden
担当不起 dāndāng bù qǐ	etwas nicht auf sich nehmen können
同朝为官 tóng cháo wéi guān	für die gleiche Regierung als Beamte dienen
宽容 kuānróng	tolerant, nachsichtig, milde, schonend
无地自容 wú dì zì róng	sich vor Schande nirgends verstecken können, im Erdboden versinken wollen, sich in Grund und Boden schämen
嫌弃 xiánqì	gegen jm eine Abneigung/eine Antipathie haben, jn ablehnen
生死之交 shēngsǐ zhī jiāo	eine Freundschaft / ein Bündnis auf Leben und Tod
结拜 jiébài	sich verbrüdern, sich gegenseitig Treue schwören
举国欢腾 jǔguó huānténg	im ganzen Land herrscht Freude und Begeisterung
辅佐 fǔzuǒ	(einem Herrscher) bei den Regierungsgeschäften assistieren, einen Regenten beraten
不敢越雷池一步 bù gǎn yuè léichí yībù	es nicht wagen, den See Leichi zu überqueren - (von Gegner) es nicht wagen, eine Grenze zu überschreiten

英雄之十三 万箭穿心 孙膑与庞涓

孙膑 Sūn Bìn = 孙宾 Sūn Bīn	Sun Bin (berühmter Militärstratege im chinesischen Altertum)
庞涓 Páng Juān: 人名	(Name einer Person)
摘 zhāi	pflücken; ziehen; auswählen
荣盛 róng shèng	Ehre, Ruhm; ehrenvoll, glanzvoll
鬼谷 guǐ gǔ	(Name eines Ortes - wört. "Geistertal")
鬼谷子 Guǐgǔzi: 战国名师 zhànguó míngshī	(Names eines berühmtes Gelehrten aus der Zeit der Streitenden

蔺相如 Lìn Xiāngrú	(Name einer Person)
廉颇 Lián Pō	(Name einer Person)
珍藏 zhēncáng	(kostbare Gegenstände) sammeln und sorgfältig aufbewahren
轻易示人 qīngyì shìrén	leichtfertig/unbesonnen anderen zeigen
夜光之璧 yèguāng zhī bì	runde Jadescheibe, die in der Nacht leuchtet
取代暖炉 qǔdài nuǎnlú	eine warme Heizung / einen warmen Ofen ersetzen
满室凉爽 mǎn shì liángshuǎng	im ganzen Zimmer angenehm kühl sein
驱除 qūchú	vertreiben, verjagen
蚊虫 wénchóng	Stechmücken, Moskitos
玉匠 yù jiàng	Jade-Handwerker
缪贤 Miào Xián: 人名 (宦官长 huànguān zhǎng)	(Name einer Person)
赵王 Zhào wáng: 赵国国王	(Titel des Herrschers von Zhao)
拥有 yōngyǒu	besitzen, über etw. verfügen
遂 suì	hier: gleich danach, dann, anschließend
讨取 tǎo qǔ	verlangen, zu erhalten; die Herausgabe fordern
推说 tuī shuō	eine Ausflucht/Ausrede gebrauchen, etw. mittels einer Ausrede ablehnen/abstreiten, sich unter einem Vorwand entschuldigen/herausreden
谣传 yáochuán	ausgestreute/umlaufende Gerüchte; es geht ein Gerücht um
打猎 dǎliè	jagen, auf der Jagd sein
命人 mìng rén	jemandem befehlen, jemandem einen Befehl/Auftrag erteilen
侵入 qīnrù	eindringen, einfallen
搜走 sōu zǒu	(durch)suchen und fortnehmen
逃命 táomìng	um sein Leben flüchten, sich durch Flucht retten
燕国 Yàn guó	das Reich Yan
结交 jiéjiāo	mit jemandem Freundschaft/Bekanntschaft schließen, Umgang pflegen
伏 fú	hier: sich beugen
锄刀 chú dāo	Hackmesser
认罪 rènzuì	seine Schuld eingestehen, sich schuldig bekennen
赦免 shèmiǎn	jemanden begnadigen, eine Strafe vermindern oder erlassen
叹息 tànxī	seufzen, aufstöhnen
食言 shíyán	sein Wort/Versprechen brechen
派任 pài rèn	jemanden entsenden/beauftragen
出使 chū shǐ	in diplomatischer Mission entsandt werden, als Regierungsbeauftrager ins Ausland reisen
秦国 Qín guó	das Reich Qin
咸阳宫 Xiányáng gōng: 秦国皇宫	(Name des Herrscherpalastes des Reiches Qin)
章台 zhāng tái	hier: Tribüne zum Empfang von Audienzen
人间至宝 rénjiān zhìbǎo	ein Schatz auf Erden
瑕疵 xiácī	kleiner Makel
斋戒 zhāijiè	(bei Opfer-, Weihezeremonien) sich sauber kleiden und fasten
无非 wúfēi	nichts anderes als, nur, bloß, lediglich
倨傲 jù'ào	arrogant, anmaßend, überheblich
戏弄 xìnòng	jemanden zum Narren halten, necken, foppen
割城 gē chéng	Städte abtreten
逼急 bī jí	jemandem bedrohlich nahe kommen
撞碎 zhuàng suì	zusammenstoßen und dabei zerbrechen/zersplittern
柱 zhù	Säule, Pfeiler
失礼 shīlǐ	unhöflich sein, den Anstand verletzen, gegen die guten Sitten verstossen
冲动 chōngdòng	aufgeregt/impulsiv/unbeherrscht sein
隆重 lóngzhòng	großartig, feierlich
九宾大礼 jiǔ bīn dàlǐ	"Zeremoniell der 9 Gäste"
大殿 dàdiàn	Audienzhalle, Thronsaal
信守盟约 xìnshǒu méngyuē	einem Bündnisvertrag treu bleiben
辜负 gūfù	sich einer Sache als unwürdig erweisen, jn. enttäuschen
重托 zhòngtuō	wichtiger Auftrag, wichtige Beauftragung
得罪 dézuì	beleidigen, kränken, jemandes Unwillen hervorrufen
惩罚 chéngfá	bestrafen; Strafe
方才 fāngcái	soeben, gerade
三思 sānsī	über etwas dreimal nachdenken – sich etw. gründlich überlegen
住手 zhùshǒu	mit etwas aufhören, einhalten, Hände weg
徒然 túrán	vergebens, vergeblich, unnützerweise, erfolglos

贪污盛行 tānwū shèngxíng	Korruption ist/war weit verbreitet
朝廷皆富 cháotíng jiē fù	der ganze Königs/Herrscherhof ist reich
百姓皆贫 bǎixìng jiē pín	die einfache Bevölkerung ist ausnahmslos arm
屠岸贾 Tú àn jiǎ = 屠大夫 tú dàfū：大臣	(Name eines hohen Beamten)
剑法 jiàn fǎ	Schwert(kampf)kunst
剑招 jiàn zhāo	Schwerttricks
放肆 fàngsì	unverschämt, dreist, unverfroren, ungezügelt, ungehemmt, rücksichtslos
骚扰 sāorǎo	stören, belästigen, für Aufruhr sorgen
壮士 zhuàngshì	ein ganzer Kerl, Held
莫可无奈 mò kě wúnài	nichts tun können, ratlos, hilflos, machtlos
理会 lǐhuì	verstehen, begreifen; hier: beachten, auf etw. achten
俗务 sú wù	gewöhnliche Arbeiten
该死 gāisǐ	verdammt, verflucht (wörtlich: "soll verrecken")
节哀 jié'āi：只用于慰问死者家属	Trauer unterdrücken, Trauer überwinden (Ausdruck wird nur verwendet, um Angehörige von Verstorbenen zu trösten bzw. ihnen zu kondolieren)
令堂 lìngtáng	(höflich) Ihre Mutter
定效犬马之劳 dìng xiào quǎnmǎ zhī láo	(für einen Herrscher/jemanden) die Arbeit von Hunden und Pferden erledigen – jemandem mit ganzem Einsatz zu Diensten stehen, sich voll für jemanden / jemandes Sache einsetzen
敛财 liǎncái	Reichtümer anhäufen, Geld zusammenraffen
晋灵君 Jìn líng jūn = 晋国大王	(Name/Titel des Herrschers des Reiches Jin)
荒淫无道 huāngyín wú dào	ausschweifend/zügellos/liederlich und moralisch verkommen
宰夫 zǎi fū	Schlachtmeister; Metzger
熊掌 xióng zhǎng	Bärentatze (eine Delikatesse)
煮烂 zhǔ làn	weichgekocht
急谏 jí jiàn	(einem Herrscher, Vorgesetzten ...) ernste Vorhaltungen machen, dringend ermahnen, heftig ins Gewissen reden
宠幸 chǒngxìng	(als Herrscher) jemandem seine Gunst gewähren/schenken
田猎游戏 tiánliè yóuxì	Jagdspiele
卿 qīng	(alte Bezeichnung für Minister oder hohe Beamte)
相议 xiāng yì	sich gegenseitig/miteinander beraten
亡国败家 wángguó bàijiā	Untergang von Heimatland und Familie
聒噪 guōzào	Lärm machen; lärmend, geräuschvoll
弹人 tán rén	mit einer Schleuder auf Menschen schießen
救济 jiùjì	(Bedürftgen) helfen, jemandem in der Not Beistand leisten
欺压 qīyā	jemanden schikanieren und unterdrücken
奉 fèng	hier: (Befehle) entgegennehmen, erhalten, in Empfang nehmen
哀哀求助 āi āi qiúzhù	unter Trauer um Hilfe flehen
堂堂 tángtáng	stattlich, imposant, eindrucksvoll
寒酸 hánsuān	schäbig, armselig
草菅人命 cǎojiānrénmìng	mit Menschen wie mit Unkraut verfahren – sich einen Dreck aus Menschenleben machen
进谏 jìn jiàn	(einen Herrscher/Höhergestellten) Fehler vorhalten, ermahnen
薪资 xīnzī	Gehalt
赏赐 shǎngcì	Schenkung; (als Herrscher einem Untertan) schenken
清淡度日 qīngdàn dù rì	sein Leben mager fristen, sich kümmerlich durchschlagen
妾 qiè	Nebenfrau; hier: (bescheidene Selbstanreder der Ehefrau)
清廉持家 qīnglián chíjiā	redlich/rechtschaffen haushalten
夫君 fūjūn	(im chinesischen Altertum von Ehefrau für ihren Gatten verwendete Anrede)
舍身 shěshēn	sein Leben opfern
忠臣 zhōngchén	(dem Land/Herrscher) treu ergebener/loyaler Beamter
防范 fángfàn	auf der Hut sein, sich hüten
剥掉 bō diào	abstreifen
华服 huá fú	prächtige Kleidung, teures Gewand
保全 bǎoquán	etw./jn. unversehrt halten, bewahren
恩情 ēnqíng	Fürsorge, Güte, Gunst, Gnade
赵穿 zhào chuān：晋国大将	(Name eines Generals des Reiches Jin)

英雄之十二 刎颈之交 蔺相如与廉颇

刎颈之交 wěn jǐng zhī jiāo	eine Freundschaft, für die man durchs Feuer geht (wörtlich: ... für die man sich die Kehle durchschneiden würde)

刑具 xíngjù	Folterinstrument
伺候 cìhòu	bedienen, aufwarten
按军令行事 àn jūnlìng xíngshì	nach militärischem Befehl handeln
依军法处分 yī jūnfǎ chǔfèn	nach Militärrecht bestrafen
口令 kǒulìng	hier: Kommando, Befehlswort
规定 guīdìng	bestimmen, festlegen, anordnen; Anordnung, Bestimmung, Vorschrift
申述 shēnshù	etw. ausführlich erklären
熟记 shú jì	etw. auswendig lernen, auswendig gelernt haben
约束 yuēshù	zügeln, in Schranken halten, ein-, beschränken
申令 shēn lìng	einen Befehl erteilen
违令 wéi lìng	einem Befehl zuwiderhandeln
斩首 zhǎnshǒu	enthaupten, köpfen, den Kopf abschlagen
当受其罪 dāng shòu qí zuì	für jemanden die Strafe tragen müssen, die Bestrafung für jn. auf sich nehmen
号令 hàolìng	Befehl, Kommando
食不知味 shí bùzhī wèi	keinen Appetit beim Essen mehr haben, (wegen seelischer Schmerzen) schmeckt einem das Essen nicht mehr
饶恕 ráoshù	vergeben, verzeihen, begnadigen
任凭 rènpíng	jm. freie Hand lassen, jm. nach seinem Gutdünken handeln lassen, nach js. Ermessen; ganz gleich, ganz egal, ungeachtet
赴汤蹈火 fùtāngdǎohuǒ	für jemanden durchs Feuer gehen
解散 jiěsàn	weg-, abtrefen, (sich/Versammlung) auflösen
写照 xiězhào	Abbild, Schilderung, Porträt
仰仗 yǎngzhàng	sich auf jn./etw. stützen, sich auf jn./etw. verlassen
畅行 chàngxíng	ungehindert/reibungslos durchführen/durchkommen
果敢坚硬 guǒgǎn jiānyìng	kühn, entschlossen und beharrlich/hart
阖闾 Hé Lǘ = 吴国国王	(Name des Herrschers des Reiches Wu)
郢都 Yǐng dū = 地名	(Ortsname)
威震 wēi zhèn	mit seiner Macht/Stärke erbeben/erschüttern/in Schrecken versetzen lassen
退隐 tuìyǐn	(Beamter) sich aus dem öffentlichen (Berufs-)Leben zurückziehen
急命 jí mìng	dringend befehlen
留步 liúbù	hier: seine Schritte einhalten, stehenbleiben
皆 jiē	alles(s), sämtlich, ausnahmslos, allesamt
循环 xúnhuán	zirkulieren, im Kreis umlaufen
周而复始 zhōu'érfùshǐ	im Zyklus verlaufen, regelmäßig wiederkehren
生生不息 shēngshēng bù xī	sich endlos vermehren / wachsen
依恃 yī shì	sich auf etw./jn. stützen, sich auf etw./jn. verlassen
骄纵 jiāozòng	arrogant und eigensinnig, hochmütig und zügellos
轻忽 qīnghū	etw. auf die leichte Schulter nehmen, leichtfertig, unbesonnen, unachtsam
习性 xíxìng	Gewohnheiten und charakterliche Eigenheiten, durch Gewohnheit erworbene Charakterzüge
尚若 shàng ruò	wenn noch ?
届时 jièshí	zu gegebenem Zeitpunkt, zu gegebener Zeit
后患 hòuhuàn	verheerende Folgen, schlimmes Nachspiel
过滤 guòlǜ	sich unnötige Sorgen machen, sich zuviele Gedanken machen
人个有志 rén gè yǒuzhì	ein jeder Mensch hat seinen eigenen Willen / seine eigenen Ideale/Ziele
赐死 cì sǐ	(als Herrscher) einem Untertan (anstelle einer Hinrichtung) den Freitod gewähren
飘然离去 piāorán lí qù	wie im Wind flatternd / in der Luft schwebend sich entfernen - einen einfachen, entspannten Abgang machen
武田信弘 Wǔtián Xìnhóng：人名	(Name einer Person)
拿破仑 Nápòlún	Napoleon
赞赏有加 zànshǎng yǒu jiā	noch zu mehr des Lobes beitragen
不愧为 bùkuì wéi	sich als würdig erweisen, eines Namens würdig sein

英雄之十一 穷刺客 鉏麑

鉏麑 Chú Ní	(Name einer Perons)
晋国 Jìn guó	das Reich Jin
退朝 tuì cháo	von einer Audienz beim Kaiser/Herrscher zurückkehren
赵盾 Zhào Dùn	(Name einer Person)
宰相 zǎixiàng	Kanzler (im chinesischen Alterum)
做牛做马 zuò niú zuò mǎ	sich wie ein Ochse, wie ein Pferd abrackern – die härteste Arbeit übernehmen
重赋于民 zhòng fù yú mín	schwere Steuern für das Volk, der Bevölkerung harte Steuerlasten auferlegen

Vokabellisten 词汇

英雄之九 催杼弑君 齐国的太史们

崔杼 Cuī Zhù：人名 (齐国大成)	(Name einer Person)
弑 shì	(seinen König oder die eigenen Eltern) ermorden
有染 yǒu rǎn	(mit jm.) ein unerlaubtes sexuelles Verhältnis haben
淫贼 yín zéi	Lüstling; Sexualverbrecher
太庙 tàimiào	(kaiserlicher/herrscherlicher) Ahnentempel
自尽 zìjìn	sich das Leben nehmen, Selbstmord begehen
自取其辱 zì qǔ qí rǔ	Schande über sich selber bringen, sich selbst beschämen
齐庄 Qí Zhuāng 公 gōng：齐国国王	(Name/Titel des Herrschers des Reiches Qi)
窜改 cuàn gǎi	(Text) abändern, fälschen
太史 tàishǐ	(Amtstitel eines Geschichtsschreibers im chinesischen Altertum)
疟疾 nüèjí	Malaria, Sumpffieber
继任 jìrèn	jm. im Amt nachfolgen
据实记载 jù shí jìzǎi	etw. wahrheitsgemäß aufzeichnen/niederschreiben
同情 tóngqíng	bemitleiden; sympathisieren
掩盖 yǎngài	bedecken; verhüllen, verschleiern, verbergen
受人耻笑 shòu rén chǐxiào	von anderen verspottet werden
牺牲 xīshēng	(etw./sich) opfern, aufgeben; Märtyrer-/Heldentod sterben
奉献 fèngxiàn	jm. etw. darbringen; hier: Opfer bringen, sich einsetzen für
丰富详尽 fēngfù xiángjìn	reich und detailliert, reichlich und ausführlich

英雄之十 中国兵圣 孙子

兵圣 bīng shèng	Kriegsgenie – genialer Kriegsstratege
孙子 Sūnzǐ：人名	Sunzi (Name eines chinesischen Militärstrategen und Philosophen)
山林险阻 shānlín xiǎnzǔ	(der) Gebirgswald (ist) schwer passierbar und gefahrvoll
实力 shílì	(reale) Stärke
空有 kōng yǒu	vergeblich/umsonst/erfolglos haben/besitzen
旁观察记 páng guānchá jì	unbeteiligt im abseits stehen, zusehen und Notizen machen
规律可循 guīlǜ kě xún	Gesetzmäßigkeit, die verfolgbar ist
马蹄 mǎtí	Pferdehuf
浅 qiǎn	hier: seicht, flach
表征 biǎozhēng	Symbol, Indikator, Symptom, Anzeichen
疲惫 píbèi	erschöpft, übermüdet
劣势 lièshì	Unterlegenheit, Schwächeposition
仓促 cāngcù	eilig, hastig, übereilt
十倍于己 shí bèi yú jǐ	10mal mehr als man selber: dem eigenen Lager um das 10fache überlegen sein
占尽优势 zhàn jìn yōushì	Übermacht besitzen, die Oberhand haben, eine überlegene Position innehaben
阵亡 zhènwáng	an der Front fallen, im Kampf sterben
邀功 yāogōng	sich mit fremden Federn schmücken, die Verdienste eines anderen für sich beanspruchen, fremde Verdienste als eigene ausgeben
坚守 jiānshǒu	hartnäckig verteidigen, durchhalten, ausharren
援军 yuánjūn	Ersatztruppen, Verstärkung
星宿 xīngxiù	Sternbilder im alten China
足惧 zú jù	es wert/ausreichend sein, sich zu fürchten
哉 zāi	(zusammen mit Fragepartikeln verwendet zum Ausdruck einer rhetorischen Frage)
天象 tiānxiàng	astronomische Erscheinung
晓 xiǎo = 知道	wissen
孙武 Sūn Wǔ = 孙子	Sun Wu (eigentlicher Name des Militärstrategen und Philosophen Sunzi)
优点 yōudiǎn	Vorteil, Vorzug
缺点 quēdiǎn	Nachteil, Manko
此役未战 cǐ yì wèi zhàn	die Schlacht ist noch nicht geschlagen
胜负已分 shèng fù yǐ fēn	Sieg und Niederlage stehen bereits fest
上策 shàngcè	die beste Taktik, der klügste Plan, die beste Methode
降服 xiángfú	bezwingen, bändigen
拜服 bàifú	bewundern, verehren, hochachten
勉强 miǎnqiǎng	hier: gezwungen, weit hergeholt

叔考遊街

颖考叔对孝的执着，使他由一个默默无闻的小人物登上高位，后世还把他编入二十四孝之中！

哈……

郑庄公为了感谢考叔成全他们母子之爱,赐考叔大夫爵位。

颖考叔一起来吧!

这次多亏了你的才智,才能让我们母子团圆啊!

哦,你说话怎么老是爱看袖子?

这一切都是老身的罪过,不是你的错啊!

于是迎回太后。

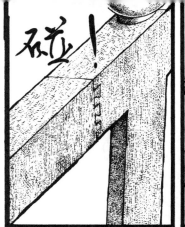

行了,准备迎接太后吧!

孩儿不孝!请母后恕罪!

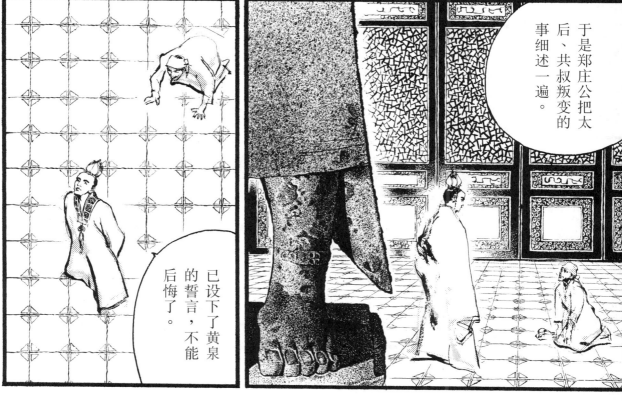
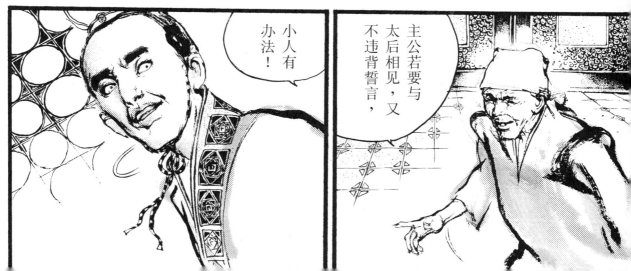

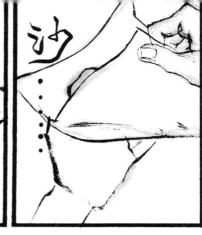

那是什么鸟?

这鸟叫做鸮,是猫头鹰的一种,小时候母鸟喂它,长大后反吃母鸟。

这是不孝的鸟啊,所以我们村上的人都会捉来吃,味道很好,特地献给主公品尝。

……

她是你的母亲啊！

主公都把母亲赶到我们这破村庄来了，你管得了吗？

他们都没办法了，你连大字一个都不认得，行吗？

再这样下去，世界会变成什么样子……我得想个办法。

我看你省省吧，主公身边有多少谋士、大臣，哪一个不是学问好得不得了？

太后被流放到颖这个地方。

使颖这个朴实的村落起了很大的变化。

捡不够柴火你也别回来吃饭!

碰!

混蛋!

段儿——

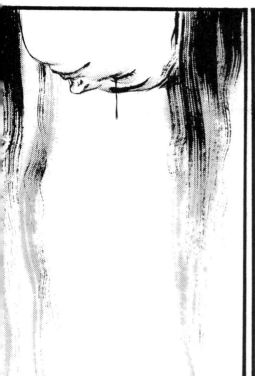

段儿啊!

主公呢?临死前我要见他一面!

主公有令,不到黄泉,誓不相见!

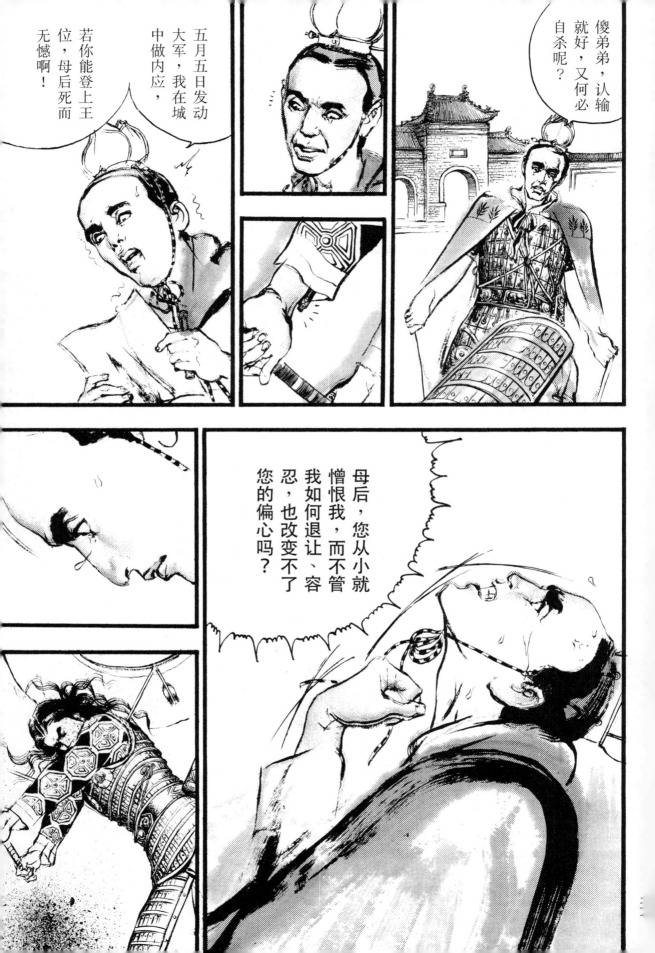

两军交战,共叔兵败自刎!

郑庄公率大军迎击。

颍考叔

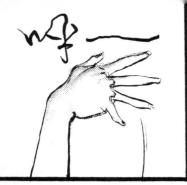

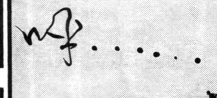

这种天气还大老远跑来提水练功夫的,大概只有我们这些疯和尚了。

不,那边还有一个数十年无一日间断的人。

河南少林寺山下

英雄之十六 黄泉相见颍考叔

隰侯重，求名得名，以悲惨的方式在历史上留下声名，成为兄弟中最有名望的人。而华周、杞梁，终于流尽血泪换回尊严。

春秋乱世的男儿命，如蝼蚁般轻微；但他们却毫不吝惜地以生命在历史上写下华丽、壮绝的一页又一页。

什么？

齐庄公无奈,只得答应莒国的和解。

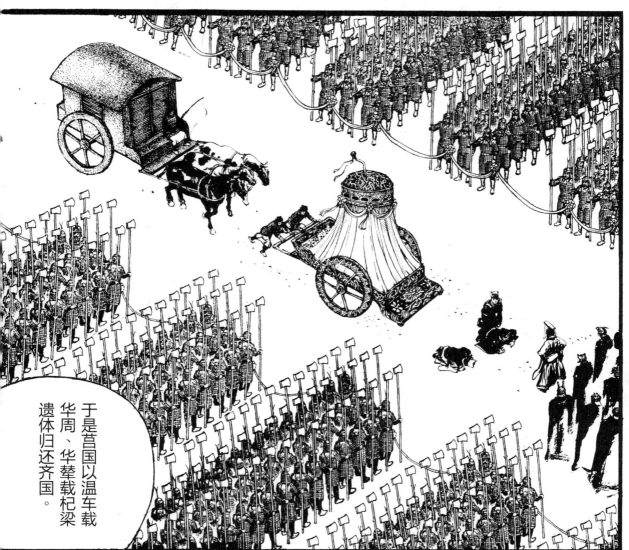

于是莒国以温车载华周、华葬载杞梁遗体归还齐国。

而隰侯死后化成灰烬,无法收拾。

不久,华周伤重去世。

哼!

华周终于力尽被擒。

齐国大军攻来了啊!

大王!不好了!

给我射！

杞梁！

烧炭用的油！

哈哈哈哈……想用火攻，这个城门包了铜皮啊！

呀！

呜……

你怕死吗?为何哭这么久?

我觉得悲哀才久哭不止,怎么会怕死呢!

此人和我们同样勇敢,却比我们先死。

莒国的大王——黎比公在狭道上设下熊熊炭火，阻止三人前进。

轰轰——！

自古以来只有舍身取义才能名留百世，你们从我身上跨过去吧！

别忘了我的名字叫——隰侯重！

你回去吧!

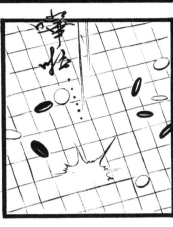

立刻出兵攻打莒国!

华周、杞梁怀抱着求死的决心,再慢就来不及啊!

恭喜二位将军旗开得胜!

大王佩服二位将军神勇,要赐高官厚禄给二位将军!

当日大王设立五乘之宾,却不给我们相同待遇,这是轻视我们的勇武,今日以高官厚禄来封赏我们,是对我们的再次侮辱!

深入战场,多杀敌人是为将者的责任,至于齐国的高官厚禄,臣等并不在乎!

一阵厮杀后,莒国三百名士兵,死伤大半。

我知道两位将军的神勇了,愿赠高官厚禄两位将军重用。

抛弃祖国投降敌国不忠,背负君命不信。

深入战场多杀敌人,是为将者的责任,至于莒国的高官厚禄,我等并不在乎!

退啊!

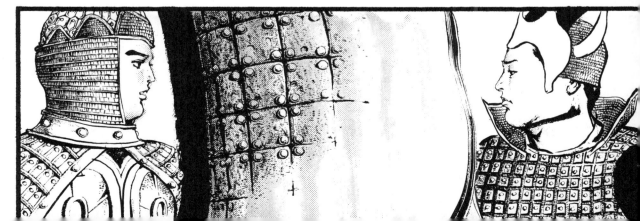

大王！

大王为求勇士而设五乘之宾，召我们来也是为了我们的勇武啊！

他们一人享五辆战车，我们二人一辆，这不是用我们，而是羞辱我们啊！

我们怎么有脸回去见家乡父老，干脆辞官不做！

到他国去发展！

我得问问我娘的意思。

唉！

盐都快溶完了，他们怎么还不回来？

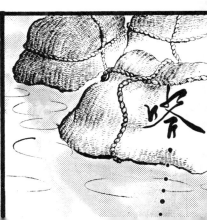

嗒……

鼠、牛两位。

哈哈哈哈哈哈……

不愧是英雄出少年!

今天的盐就等我们的十辆战车来载吧！

里鄉耀光

太棒了！
哇！太好了！

春秋时代中期——

齐庄公广征天下勇士，组成亲卫队，以横行天下。勇士的条件要能力举千斤、一箭射穿七片木板。

这支勇士队又名「五乘之宾」——享士大夫禄，赐五辆战车，及十二生肖头盔一顶。

这次华周、杞梁受到推荐，想以苦练实力取得最高位，亦即——

各位乡亲父老，华周、杞梁一定不辜负大家的期望！

请大家等我们的好消息吧！

英雄之十五

壮绝二勇士
隰侯重・华周・杞梁

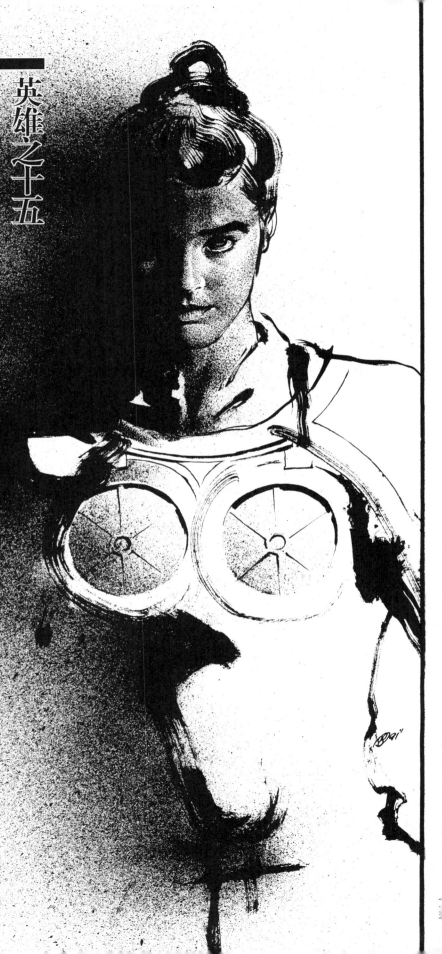

此后为了怀念子推,在清明的前一天,以子推死于火不忍起火而冷食,谓之「寒食节」。

过节时,家家户户在门口插上柳条以召子推之魂,

或野祭、焚烧纸钱,这一切都是为了纪念介子推啊!

把绵山之名改为介山,让世人知道寡人的过失啊!

当介子推的死讯传回国内——

百姓都被子推崇高的气节感动,流下了同情的眼泪。

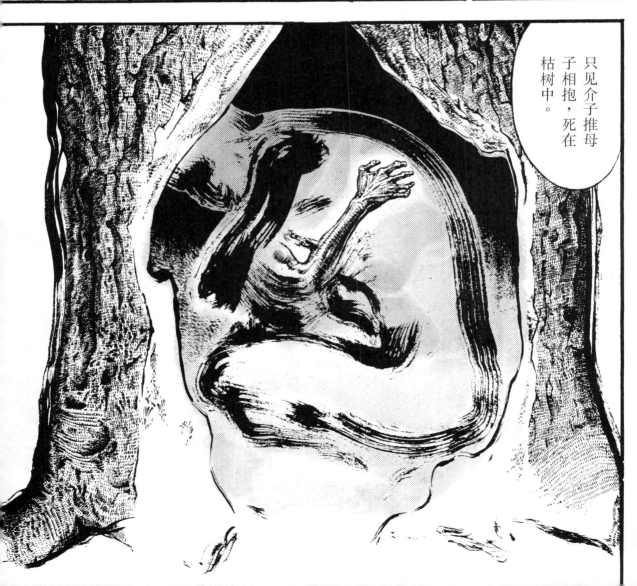

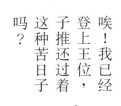
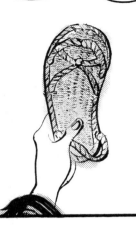

唉！我已经登上王位，子推还过着这种苦日子吗？

有谁知道介子推的下落？知情者寡人封他官位！

悬书是小人所做，非子推所写。

子推耻于求赏，背母至绵山归隐。小人怕他功劳被遗忘了，才大胆悬书明之。

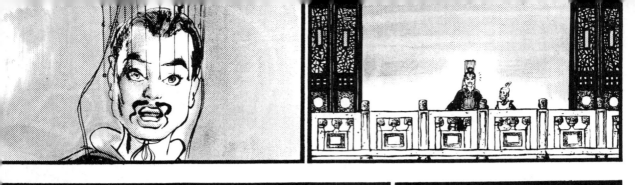

有龍矯矯悲失其所數蛇從之閒流天下龍饑乏食一蛇割股龍返於淵安其壞土數蛇入穴皆有宇一蛇無穴號於中野

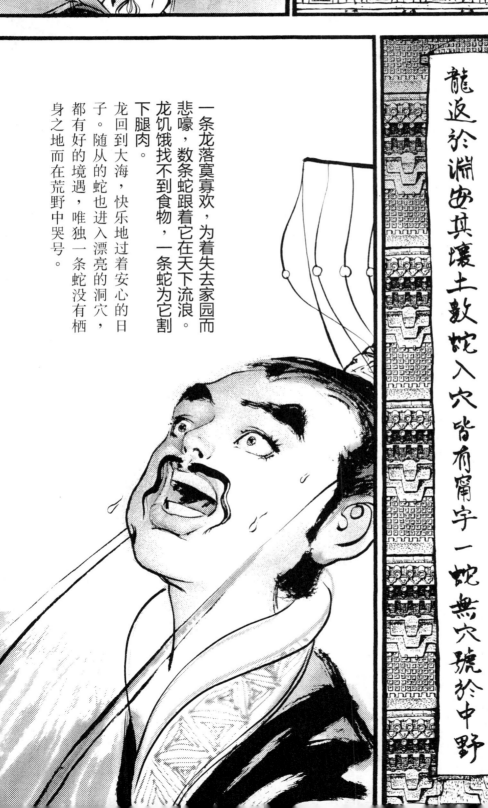

一条龙落寞寡欢，为着失去家园而悲嚎，数条蛇跟着它在天下流浪。龙饥饿找不到食物，一条蛇为它割下腿肉。

龙回到大海，快乐地过着安心的日子。随从的蛇也进入漂亮的洞穴，都有好的境遇，唯独一条蛇没有栖身之地而在荒野中哭号。

过了不久,晋文公论功行赏,无地者封地,有地者再封。

谢大王!

在百忙中,竟忘了封赏介子推。

不久,秦穆公更亲率大军,再败晋军!

助重耳登位,是为——晋文公。

当时介子推朝贺一次后就托病,不再上朝。

于是以迎接诸侯的大礼来迎接重耳，以示尊重，也由此可看出秦穆公对夷吾父子的恨意。

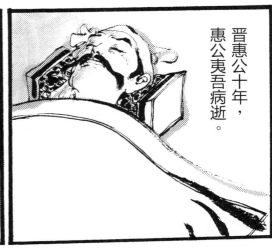

可恶！呼……

别跑，你给我过来！

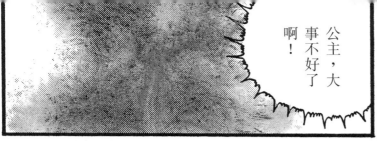

当时齐桓公小白已老，宰相管仲也已去世。

桓公常听到重耳贤名，就把女儿姜氏嫁给重耳。

重耳在齐国高兴得乐不思蜀。

后来齐桓公病死，儿子们群起争夺王位，国内大乱！

子推，那来的肉啊？

臣听说孝子杀身以侍奉父母，忠臣杀身以侍奉主君。所以臣割大腿肉煮汤给公子服用！

唉，我不过是个亡命天涯的人啊，

……可是

你别乱来,公子宁可饿死,也绝不允许你去当强盗!

好香!

公子身体要紧,将就吃点野菜吧。

我……吃……不下……

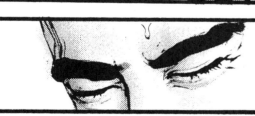

哇,公子饿晕了啊!

重耳随臣 介子推

哼!卫王既然无理,闭城不见公子,不尽地主之谊,我抢他的村落,这可不能怪我!

春秋时期，秦晋大战龙门山，秦穆公打败晋惠公夷吾并将其俘虏。被秦穆公释放回晋的夷吾，仍担心王位不固，遂派人追杀自己的兄长重耳。重耳率随从数人逃离晋国。此刻，一行人正在离开卫国的路上……

你说你们是晋国的大臣？

是，车上的公子是我的主人。

哈，堂堂男子汉，不能养活自己，反而要跟我讨东西吃。

晋落难公子 重耳

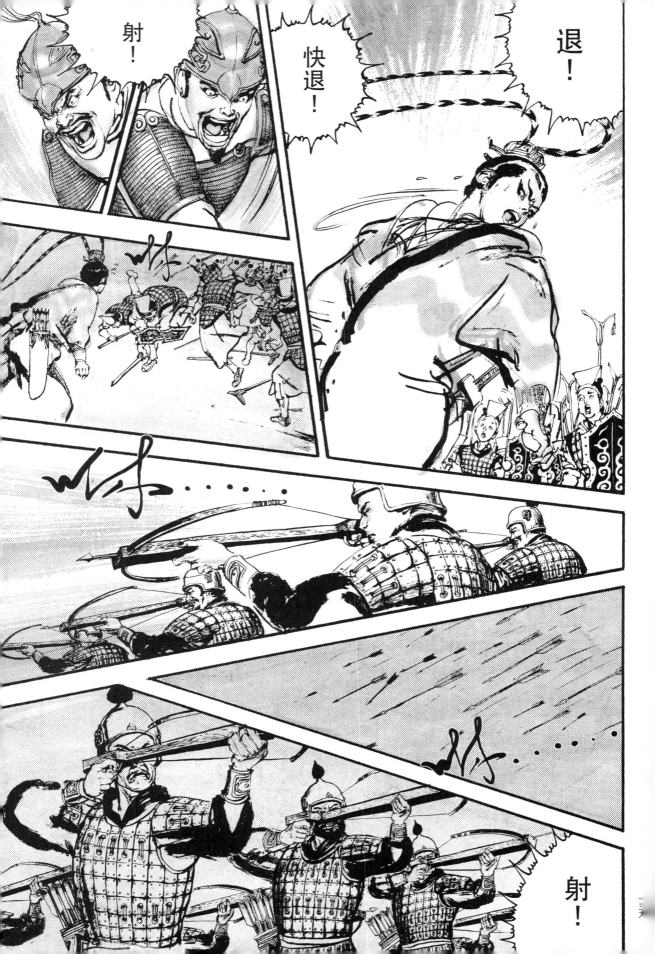

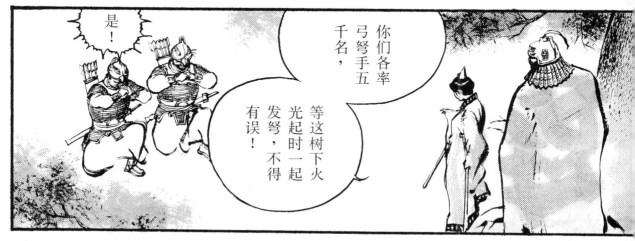

只见齐军留下的灶台有十万个,

不可小觑!想不到齐军这么庞大,

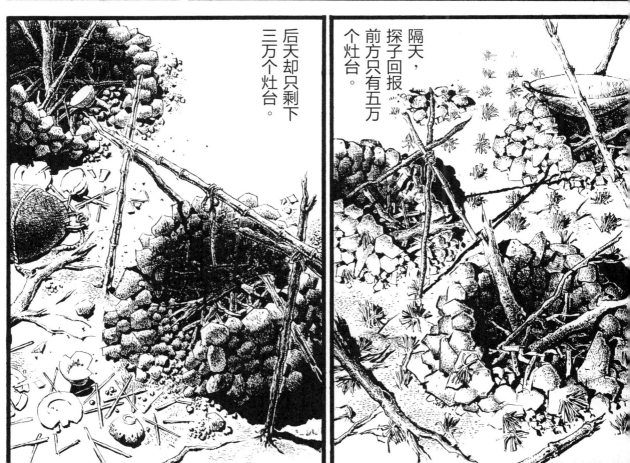

隔天,探子回报前方只有五万个灶台。

后天却只剩下三万个灶台。

周显王十七年,庞涓伐韩,孙膑与大将田忌率军攻魏救韩。

庞涓大惊,急率大军回魏!

田将军,魏军向来轻视齐军,我们不如假装害怕魏军,引诱魏军中计!

庞涓回到魏国时,齐兵已退出边境。

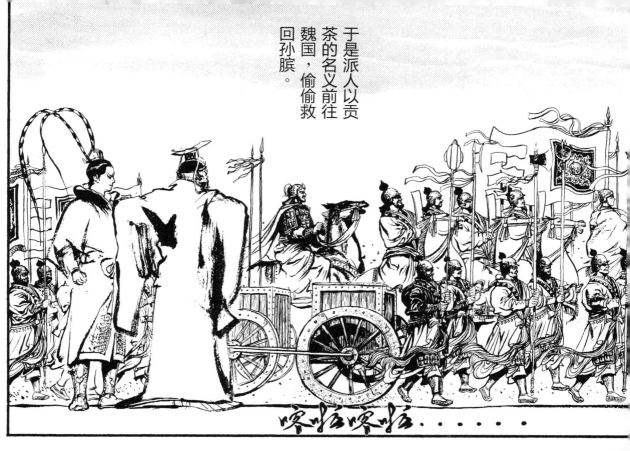

于是派人以贡茶的名义前往魏国，偷偷救回孙膑。

庞涓，我定要你应了曾发下的毒誓！

想不到庞涓如此无义……

若不写，他必定发怒，我命休矣。

詐瘋魔

有了，老师给我这个锦囊，要在危急时才可开看。

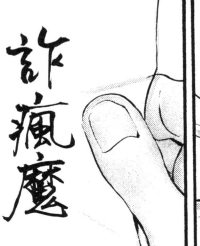

孙膑已经残废,三餐全靠庞涓供应,于是传庞涓《孙子兵法》来报答他。

什么事?

我不管了,我看不下去了。

你不知道元帅因妒忌而设计害你……

你今天不死,就是要你写下兵书。

书一写完,你就没命了啊!

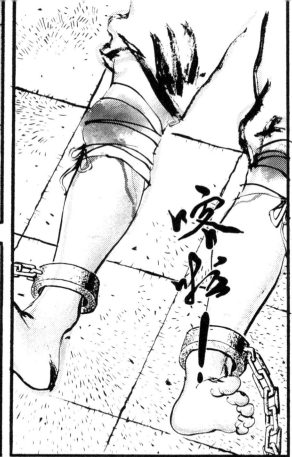

拜见魏王。

魏王很敬重孙子,拜孙膑为客卿。

孙膑的才能在我之上,若不除掉他……

于是模仿孙膑笔迹,诬陷他私通齐国。

这朵菊花虽然残缺，但可耐严寒；虽有残害，并无大凶。

你又把它放回瓶中，所以，你的功名终究在你祖国。

于是鬼谷子将孙宾的宾字改为膑字，「膑」是削去膝盖骨的意思。

臏

又给孙膑一个锦囊，要他在危急时才可开看。

庞涓一开始就攻打卫、宋等小国，又打败侵略边境的齐军，立了许多战功。

哦，庞先生是鬼谷先生的弟子。

草民学于鬼谷先生，用兵之道尽得其精华。

吟……

魏惠王

大王如用草民为将，一定让魏国战必胜，攻必取。兼并天下，指日可待。

鬼谷先生名动列国。魏王大喜，拜庞涓为元帅。

庞涓并非贤士,岂可轻易传授给他?

老师误会庞贤弟了,有机会我一定把兵书转授给庞涓。

魏国王宫

羊!遇羊则荣,功名有望了。

弟子知道祖父有这本兵书,但从未看过!

当年吴王用你祖父的谋略,大破楚师,吴王爱惜此书,藏于密室,却因大火而失传。

我和你祖父向有交往,求得此书,行兵秘密皆在其中。

为师不曾传授任何人,今天看你心术忠厚,才传授予你。

得此书者,善用之为天下利,不善用之为天下害。

老师为何不一起传给庞涓呢?

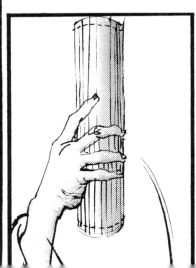

【英雄之十三 万箭穿心 孙膑与庞涓】

两人结拜的那天，赵国举国欢腾。蔺相如和廉颇同时辅佐赵国期间，秦国不敢越雷池一步，侵犯赵国。

廉将军与蔺相国不和，我看有事要发生了。

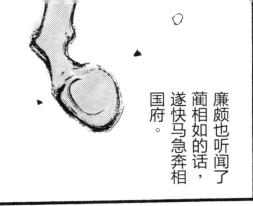

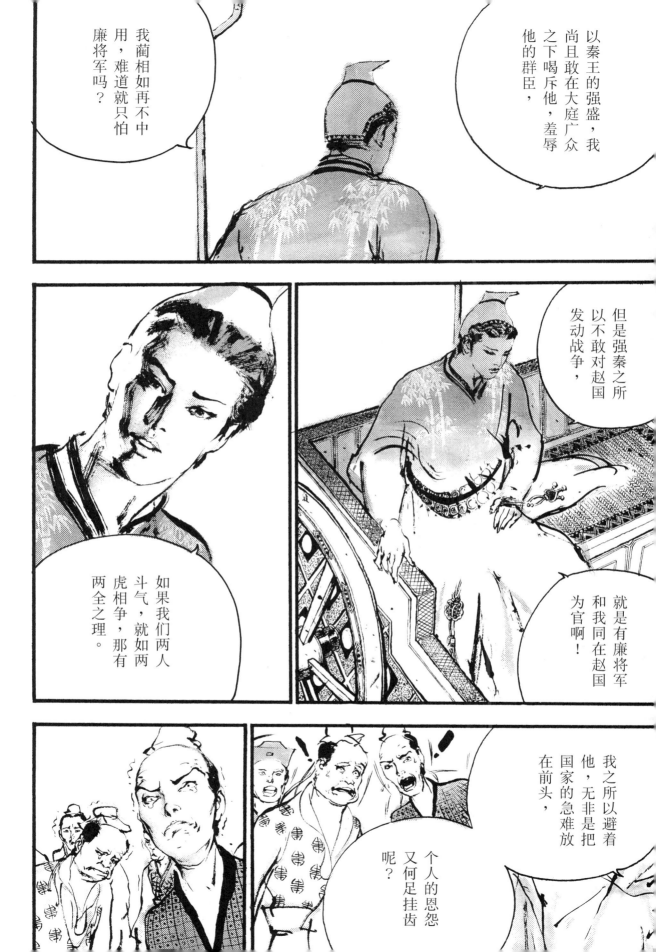

这种事平常人都觉得耻辱,何况位居相位的大人呢!

……容我等告辞……我们没有这种涵养,请

……

廉将军比那秦王强吗?

当然比不上秦王了。

我身为赵国的大将,有攻城野战、扩土保疆的大功劳,而蔺相如不过是个逞口舌之徒,立了点功劳就位居相国。

况且蔺相如出身卑贱,还是宦官门下,叫我如何忍受位居其下的耻辱!

我碰到他一定要给他好看!

从此蔺相如就经常托病不出席早朝,避免和廉颇争位。

会盟后赵王拜相如为相国。

官位在大将廉颇之上。

啪！

上卿蔺相如

上卿廉颇

一品陈志路 一品张格群 一品郑猛羽

蔺相如回赵后,赵王大为激赏,封他为上大夫。之后秦国并未割城给赵国,赵国也就不须送和氏璧给秦国。

不久秦赵两国举行会盟,蔺相如再以英勇的行动维护了赵国的利益和尊严。

贵国自缪公以来,传位已有二十几代,却从来没有信守盟约的君主。

我怕幸负赵王的重托,早已派使者送回和氏璧了。

按时间推算,使者此刻也该回到赵国了。

不过秦强赵弱,如果您真能先割城给赵国,赵国怎敢为了一块玉而得罪大王呢!

蔺相如欺骗大王,请用大刑惩罚。

只是方才的话,还请大王三思。

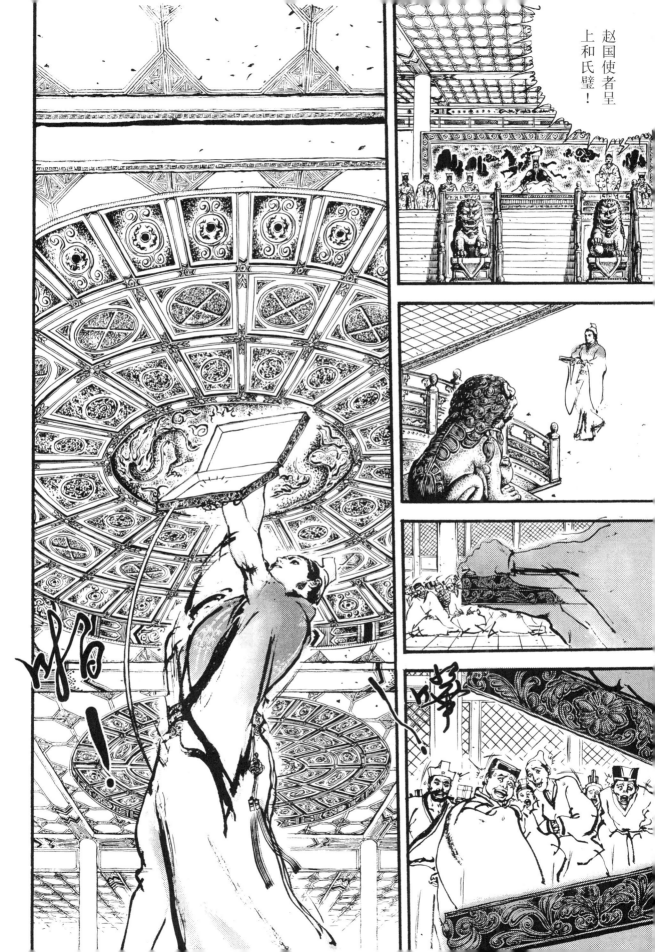

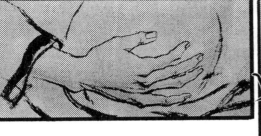

秦王斋戒了五天,

果然在大殿上设了九宾大礼的正式仪式。

蔺相如看出秦王并无割城的诚意。

和氏璧是名闻天下的至宝,大王也该斋戒五日,在大殿之上设隆重的九宾大礼,我才敢献上和氏璧。

一切都听先生的,请先回馆休息吧!

秦王在章台接见了蔺相如。

哈……和氏璧真不愧是人间至宝。

哇……

美人，快来看看啊！

秦国咸阳宫

大王，臣知道有一人可以派任。

此人智勇双全，一定可以担当重任。

于是相如怀着和氏璧出使秦国。

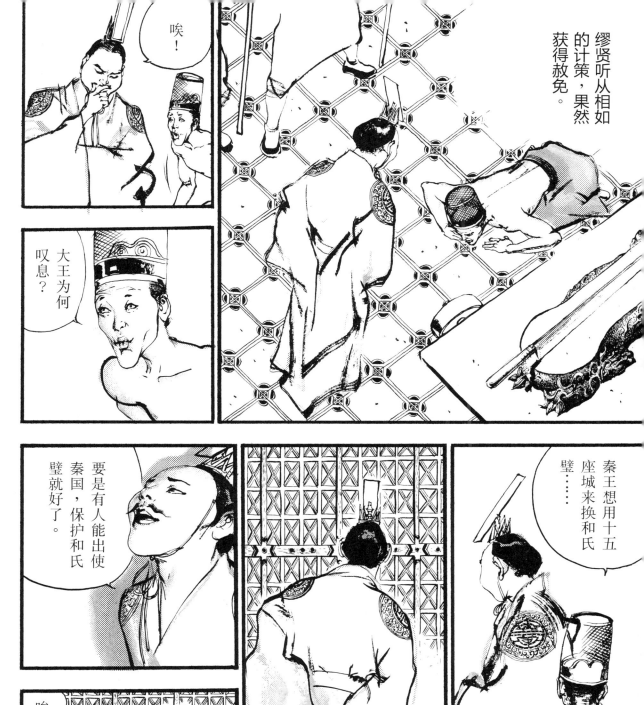

缪贤听从相如的计策,果然获得赦免。

唉!

大王为何叹息?

秦王想用十五座城来换和氏璧……

秦国强,赵国弱,不送去也不行;可是送去又怕秦王食言,不给那十五座城。

要是有人能出使秦国,保护和氏璧就好了。

唉!

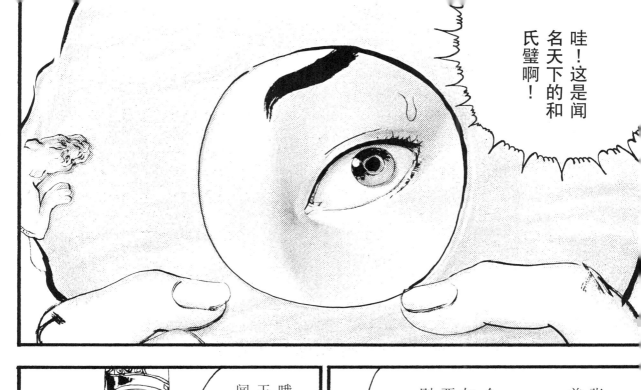

英雄之十二

刎颈之交
蔺相如与廉颇

鉏麑以死来保全赵盾这个好官，也还了恩情给屠岸贾这个奸臣。因此史官尊称他为刺客之首！

鉏麑死后不久，晋灵君被晋国大将赵穿刺杀。

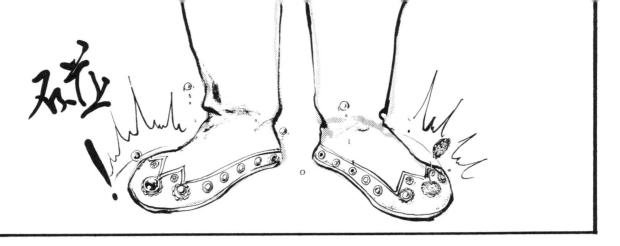

什么人！

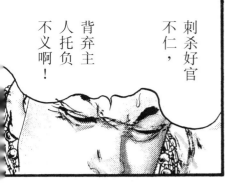

刺杀好官不仁,背弃主人托负不义啊!

想不到朝廷中竟有赵盾这种好官,一个愿意舍身为国的人,当时若有钱一定不会见死不救的。

不仁不义又何以立足于天地间!

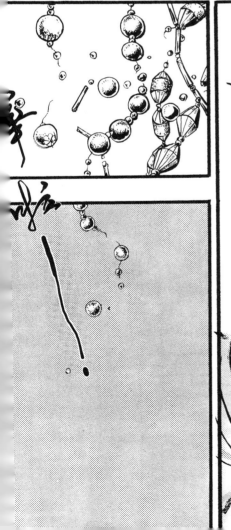

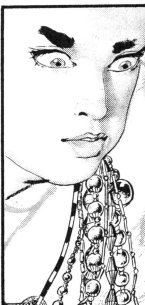

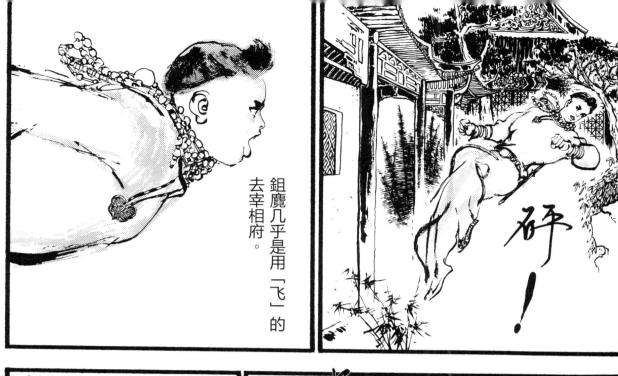

鉏麑几乎是用「飞」的去宰相府。

可是当他到达宰相府时⋯⋯

他几乎不敢相信自己的眼睛。

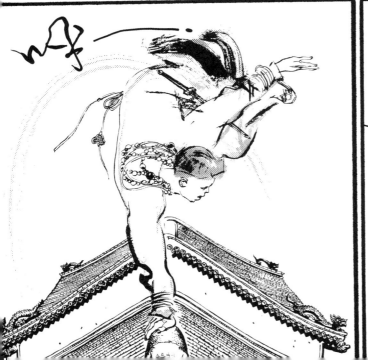

宰相，我看就让大王再玩一次，

有事明天好说嘛……

是啊，明早一定召赵卿相议。

而今大王放弹打人，并因小小的过失杀了宰夫，这是无道的君主也不做的事情啊！

如此一来，百姓诸侯将会叛离，为大王召来大祸啊！

没那么严重吧，让寡人再玩一次。

下次再依赵卿的话好吗？

当时的晋国大王晋灵君荒淫无道,常在楼台上弹打百姓取乐!

有次竟因宰夫未将熊掌煮烂,而命人残暴地将其分尸。

宰相赵盾知道后,惊怒地急谏晋灵君……

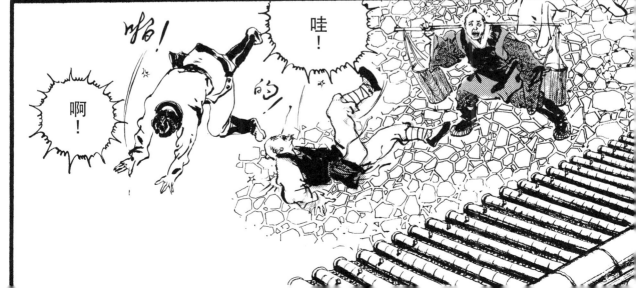

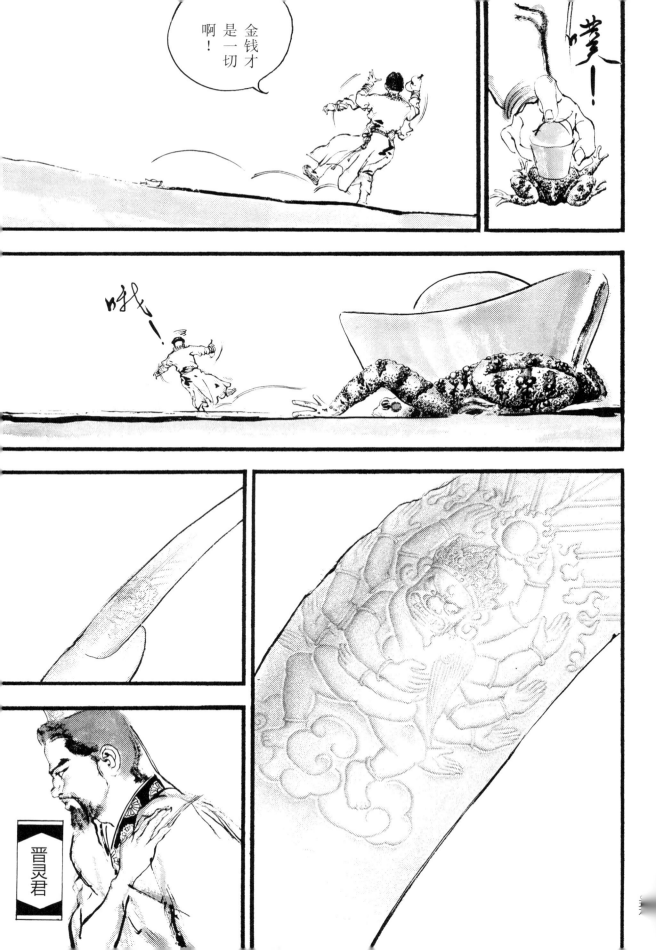

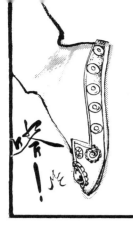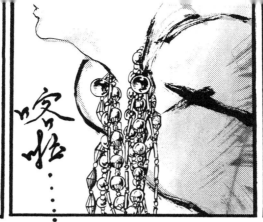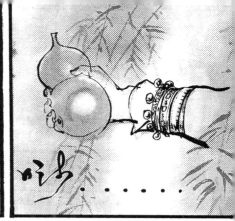

哦，你知道吗？学剑练剑，不如学人赚钱，学大官敛财！

你不信？

壮士,人死不能复生,请节哀。

呜娘……

我看壮士身无长物,令堂的后事就交给我吧!

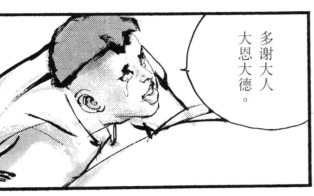
多谢大人大恩大德。

小人今后定效犬马之劳。

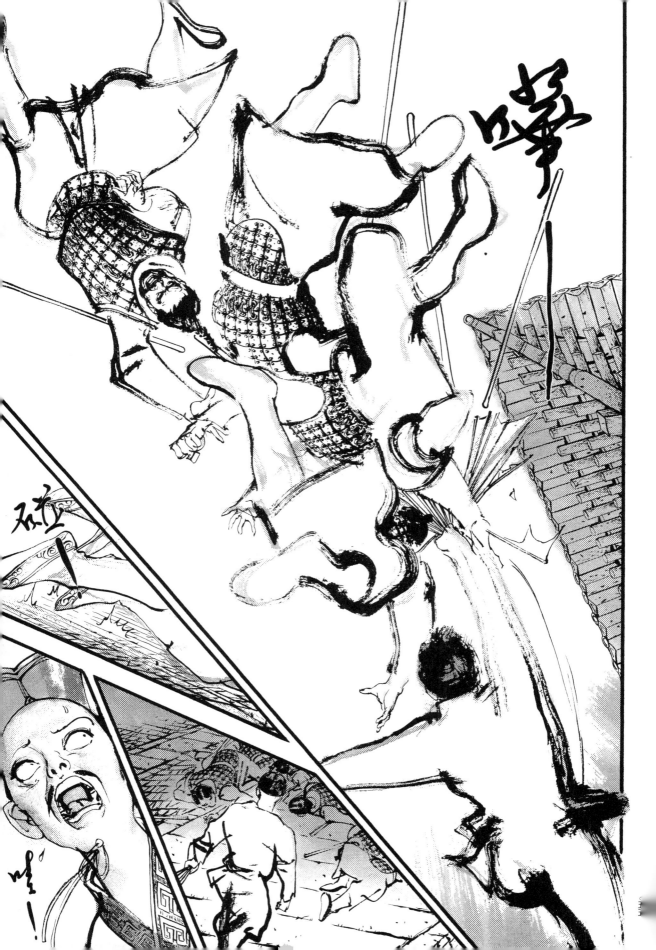

啊,怎么……治病应该去求医

求求大人救救我娘,我给大人做牛做马……

大夫说我娘的病要花很多钱。

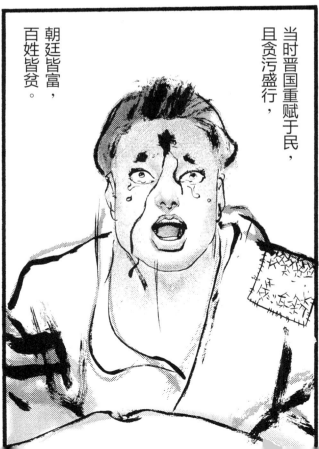
当时晋国重赋于民,且贪污盛行,朝廷皆富,百姓皆贫。

唉……我没钱帮助你。

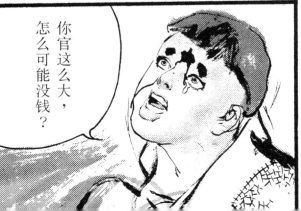
你官这么大,怎么可能没钱?

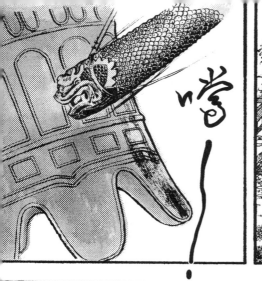

嗒！

春秋时期，一日，晋国文武百官退朝之时……

孙子真不愧为中国兵圣啊！

而飘然离去的孙子所留下的《孙子兵法》，极受日本战国名将武田信玄的重视，甚至把风、林、火、山绣在武田军旗上。不仅如此，连远在西方的拿破仑也对《孙子兵法》赞赏有加！

倘若我俩功成不退,届时必有后患。

孙将军过虑了,大王不会这么对我们。

既然人各有志,请将军不必留我。

咜!

多年后伍子胥果然被阖闾的儿子夫差赐死。

将军可知天道？

孙将军请随我回宫，万事皆可商量。

日月循环，周而复始，四季变化，生生不息。

大王依恃着我俩武功强盛，国境无忧，已养成骄纵、轻忽的习性。

阖间论战功以孙子为首。

孙武不愿居官,希望退隐山林。

咤!

吴王阖间急命伍子胥留住孙子。

孙将军请留步!

从此吴国的声名显扬于春秋诸国。幕后的功臣就是孙子和伍子胥啊!

大王,兵这个字是凶器的写照啊。

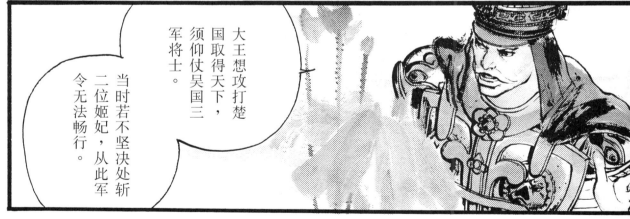

大王想攻打楚国取得天下,须仰仗吴国三军将士。当时若不坚决处斩二位姬妃,从此军令无法畅行。

孙先生果敢坚毅,不正是大王最迫切需要的主将之才吗?

叫孙先生把部队解散吧!
寡人没心情看下去了。

唉,大王只是喜欢兵法理论,却无法用理论来实际操兵啊……

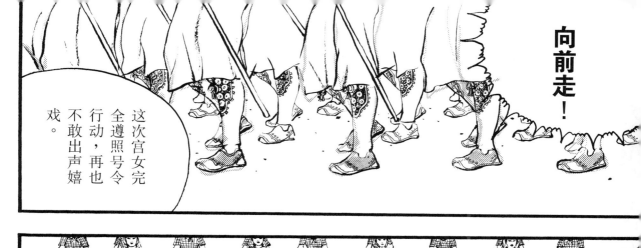

向前走!

这次宫女完全遵照号令行动,再也不敢出声嬉戏。

大王,队伍已操练整齐,大王可以下来亲自校阅。

现在这支部队任凭大王想怎么运用都可以,即使赴汤蹈火也可以办到。

哇!

啊!

斩了二名宠姬后,孙子另外派二名宫女为队长。

后!

嚓!

为将练兵，规定动作，申述命令，未能让人熟记在心，这是当将官的不对。

我再将规定动作说一遍：我说前就看胸前，说左就看左手，说右就看右手，说后就往后看。

准备好了，不要再犯错了。

右！

哈哈哈哈……
嘻嘻嘻嘻……

你们知道左右手和背面的位置吗?

知道!

好,待会我下令时,你们就朝自己前胸的方向看,我说左就看左手,右就是看右手,后就是往背后看,明白了吗?

所以战争的法则以「保全国家人民之完整」为上策。

因此,百战百胜不算高明。

最高明的境界乃是——「不必打仗,就能使敌人降服」,这才是高明中的高明。

哈……

好,好极了!

先生的十三篇兵法,寡人都看过了,令人拜服。

但不知可否拿来实地演练呢?

于是伍子胥推荐孙子给吴王阖闾。

哈哈哈哈哈哈！

吴王阖闾

孙先生对战争有什么看法呢？

战争是国家大事，国家亡了就无法恢复旧观，人民死了就不能复活。

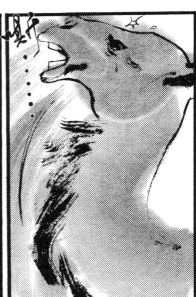

唉,当将军的人如果不能了解山林险阻,又不能明白敌人的实力,空有敢死的士兵又有何用!

哦!先生一直在战场旁观察记录吗?

伍子胥

不。

战场虽然千变万化,却也有一定的规律可循。要不是特殊战役,倒也不必每仗必记。

英雄之子
中国兵圣
孙子

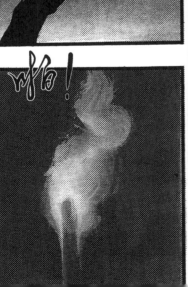

——由于几千年来，史学家们不断地牺牲、奉献，才使得中国至今拥有最丰富与详尽的史籍。

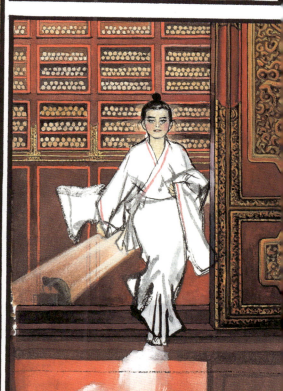

崔杼杀了齐庄公后,要太史窜改史书。

齐国大臣——崔杼

我叫你们把大王的死因改成因疟疾去世,不会吗?

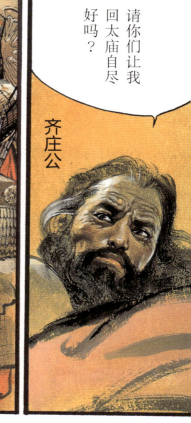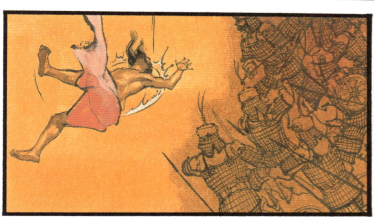

英雄之九
崔杼弑君
齐国的太史们

寡人知错了，不该和崔杼夫人有染。

我们只知捉拿淫贼，不知有大王。

东周英雄传 贰

目次 contents

新版序 ○○五

英雄之九 崔杼弑君 齐国的太史们 ○○七

英雄之十 中国兵圣 孙子 ○一五

英雄之十一 穷刺客 鉏麑 ○四七

英雄之十二 刎颈之交 蔺相如与廉颇 ○七九

英雄之十三 万箭穿心 孙膑与庞涓 一一一

英雄之十四 龙哭千里 介子推 一四三

英雄之十五 壮绝三勇士 隰侯重·华周·杞梁 一七五

英雄之十六 黄泉相见 颍考叔 二○七

词汇 二四○

旧版跋 德文前半部 二四○

历史年表、地图 德文前半部 二四一

新版序

春秋时代和战国时代合称为「东周」。春秋时期，国王被臣子和敌人杀死的就有四十三位，大小战役多达四百多起。那是个人人想争王、处处闹造反的黑暗时代，同时也是个大变革的辉煌年代。不世出的天才思想家，如儒家、道家、阴阳家、纵横家……接连震撼登场。

就是这么一个波澜万丈的舞台，当时年轻的我充满野心地把它当作第一次登陆日本所发表之作品的背景，创作时往往为了一个英雄人物，就得翻阅查找许多史料、史籍，也在读史的过程中得到了一些新的感受与观点。

我一直觉得「以史鉴今」是个不堪的笑话。历史从来是为了被遗忘而写的，然而跨越千古再起的感动是可以随时被唤起的。希望当时我接触史料所受到的感动，能透过《东周英雄传》这套作品传递到各位读者内心深处，这将会是我很大的荣耀。

郑问 敬字

二〇一二年六月十二日新店家中

东周
英雄传

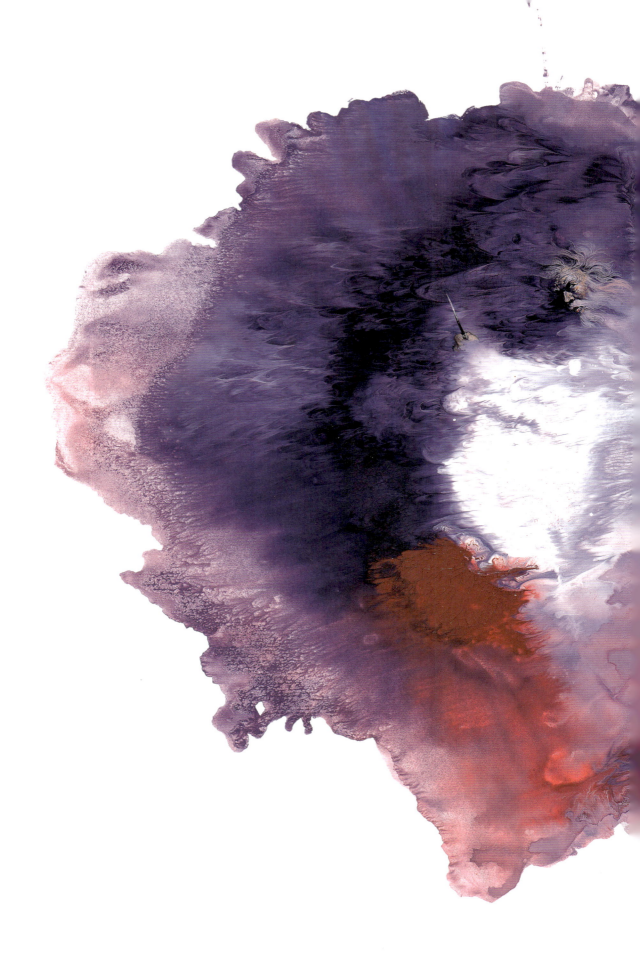

东周英雄传

贰

郑问

Frommer Wunsch

Kinder der Streitenden Reiche

【孙膑】Sun Bin

Reiter der Streitenden Reiche

【战国仕女】

Eine Schönheit der Streitenden Reiche

HELDEN DER ÖSTLICHEN ZHOU-ZEIT
BAND II: WIEDERSEHEN IN DER UNTERWELT

东周
英雄
传
贰

《东周英雄传》关联年表

春秋時代	七七○（纪元前）	周平王东迁，以洛邑为首都（史称东周）。春秋时代开始。
	七二二	孔子作《春秋》以是年为首。
	六五五	英雄之十六：黄泉相见（颖考叔）
	六五一	晋公子重耳、夷吾，亡命诸国之间
	六三二	齐桓公在葵丘会盟，确立霸主地位
	六三一	诸侯群会于践土，晋文公（公子重耳）成为霸主
	六三一	英雄之十四：龙哭千里（介子推）
	六二一	秦穆公称霸于西方。
	六○七	英雄之十一：穷刺客（鉏麑）
	六○七	赵盾谋弑晋灵公，自立为成公。
	五四八	英雄之十五：壮绝三勇士（隰侯重・华周・杞梁）
	五四八	崔杼弑齐庄公。
	五三二	英雄之九：中国兵圣（孙子）
	五一五	伍子胥由楚国赴吴国。
	五一五	吴公子光弑杀王僚自立为吴王阖闾。
	四九六	英雄之十一：崔杼弑君（齐国太史们）
	四七三	越王勾践打败阖闾。吴越之争开始。
	四七三	吴为越所破，夫差兵败自杀。吴灭亡。
战国时代	四五三	晋的范、知、中行氏三大夫瓜分晋国
	四○三	韩、赵、魏成为诸侯，战国时代开始。
	三四一	齐国田忌以孙膑之计，大破魏国庞涓大军于马陵
	三三八	英雄之十三：万剑穿心（孙膑与庞涓）
	二八八	张仪适秦国任宰相，展开连横政策。
	二八八	秦称西帝，齐称东帝
	二八二	英雄如为赵王达成完璧之命
	二五六	蔺相如：列颈之交（蔺相如与廉颇）
	二四六	英雄之十二：列颈之交
	二三○~二二一	秦王嬴政即位。接着逐序灭掉韩、赵、燕、魏、楚、齐六国。秦灭齐，统一中国，成功建立最初的大一统帝国。

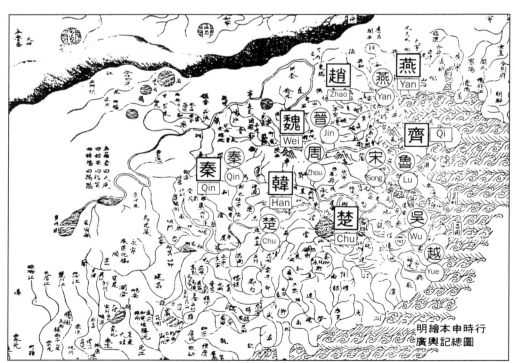

春秋五霸、战国七雄势力分布图

○ 为春秋国名　□ 为战国国名

明繪本申時行廣輿記總圖

Die fünf großen Staaten der Frühlings- und Herbstperiode und die sieben mächtigen Fürstentümer der Zeit der Streitenden Reiche
- ○ Staaten der Frühlings- und Herbstperiode
- □ Staaten aus der Zeit der Streitenden Reiche

Nachwort zur Erstausgabe

旧版跋

當一個雕刻師在雕刻一塊木頭，要一個白癡在用心的擦拭著石頭，當很多人很用心的在做一件事時，總會令我感動，而我也誠心的希望東周英雄傳能給您這種感動。

細數東周英雄傳在日本連載以來三年中我有著很大的收穫，其中最值得一提的是我在觀念上的成長，從以前以直覺來作畫，到現在能以意識來作畫，以前作品的重心一直擺在喉頭與創意的營造，到現在回歸到人性與內心戲的追尋，其中的變化不可謂不大。

以往的作品常以武俠為主，而在創作東周英雄傳時必須拋棄較浮誇的表現手法，而在不知不覺中走入自己內心世界的挖掘，也開始思索著以往的生活經驗能否回應到作品上，以攫出劇中人的真實性與可能性，人的感情、思緒，雖然千變萬化，想把握它當然有它的難處，以我的能力能把握多少，就算多少吧！

東周英雄傳這次收錄的八篇作品中，其中的壯絕三勇士是我以前就很想表達的故事，也許他們的行為在現代人的眼中正有如白癡在擦著石頭，可是他們的氣節不是深沉有力的撼動著我們冷漠的外表與高傲的靈魂嗎？

因此完成了這個故事，也含有一種向自己交待的輕快感覺，也經過了這八個故事，我慢慢的建立起自己演出的方法與條理，往後的作品中將更加重人物個性的表達，希望這次調整後的方向能再次獲得您的支持，謝謝！

一九九一年八月十一日鄭問寫於新店

Zeittafel

Frühlings- und Herbstperiode	
770 v.Chr.	König Ping von Zhou verlegt die Hauptstadt nach Osten, ins heutige Luoyang. Beginn der Östlichen Zhou-Dynastie und der Frühlings- und Herbstperiode.
722 v.Chr.	Mit diesem Jahr setzen die *Frühlings- und Herbstannalen* des Konfuzius ein.[6] (Vgl. Kapitel 16.)
655 v.Chr.	Chong'er und Yiwu, beide Prinzen von Jin, gehen ins Exil.
651 v.Chr.	Auf dem Bündnistreffen von Kuiqiu (heute: Kreis Lankao in der Provinz Henan) erringt Herzog Huan von Qi endgültig die Vormachtstellung unter den Fürsten.
632 v.Chr.	Auf einem Treffen in Jiantu (im Norden der heutigen Provinz Henan) erkennen die anderen Fürsten die Vormachtstellung von Herzog Wen von Jin – vormals Prinz Chong'er – an. (Vgl. Kapitel 14.)
623 v.Chr.	Herzog Mu von Qin erlangt die Vorherrschaft im Westen.
607 v.Chr.	Mit Rückendeckung seines Halbbruders Zhao Dun ermordet Zhao Chuan Herzog Ling von Jin. Danach helfen beide Herzog Cheng auf den Thron. (Vgl. Kapitel 11.)
548 v.Chr.	Cui Zhu ermordet Herzog Zhuang von Qi. (Vgl. Kapitel 9; zur Vorgeschichte des Herzogs vgl. Kapitel 15.)
522 v.Chr.	Wu Zixu flieht von Chu nach Wu. (Vgl. Kapitel 10.)
515 v.Chr.	Prinz Guang von Wu lässt König Liao ermorden und besteigt als König Helü den Thron.
496 v.Chr.	König Goujian von Yue besiegt König Helü von Wu. Beginn des langjährigen Kriegs zwischen beiden Ländern.
473 v.Chr.	König Goujian von Yue besiegt König Fuchai von Wu. Fuchai begeht Selbstmord, sein Reich erlischt.
Zeit der Streitenden Reiche	
453 v.Chr.	Das Reich Jin wird von den drei herrschenden Adelsgeschlechtern untereinander aufgeteilt.
403 v.Chr.	Mit dem Aufstieg der drei Herrscher des einstigen Reichs Jin zu Lehnsfürsten beginnt die eigentliche Zeit der Streitenden Reiche.
341 v.Chr.	Mit einer List von Sun Bin reibt die Armee von Qi unter General Tian Ji bei Maling (im Südosten der heutigen Provinz Shandong) das Heer von Wei unter Pang Juan auf. (Vgl. Kapitel 13.)
328 v.Chr.	Zhang Yi wird zum Kanzler von Qin ernannt und beginnt damit, Bündnispartner für sein Land zu werben.
288 v.Chr.	Der König von Qin erhebt sich selbst zum „Kaiser des Westens" und seinen Bündnispartner in Qi zum „Kaiser des Ostens".
282 v.Chr.	Lin Xiangru ist als Gesandter in Diensten des Königs von Zhao erfolgreich. (Vgl. Kapitel 12.)
256 v.Chr.	Das Reich Qin löscht die nur noch dem Namen nach herrschende Zhou-Dynastie aus.
246 v.Chr.	Ying Zheng, der spätere Qin Shihuangdi, besteigt den Thron von Qin.
230 v.Chr. – 221 v.Chr.	Qin unterwirft nacheinander alle übrigen Staaten – erst Han, dann Zhao, Yan, Wei, Chu und schließlich Qi. Danach ist China vereint und das erste Kaiserreich begründet.

[6] Entsprechend dem in diesem Werk behandelten Zeitraum setzt die Geschichtsschreibung den Beginn der Frühlings- und Herbstperiode meist erst auf das Jahr 722 v.Chr. an (und das Ende schon auf das Jahr 481 v.Chr.). Die traditionelle Zuschreibung der *Annalen* an Konfuzius gilt heute als zweifelhaft. (Anm. des Übers.)

街遊叔考

Eigentlich ein Niemand, brachte es Ying Kaoshu mit seinem unbeirrten Festhalten an der Kindesliebe zu hohen Ehren, und die Nachwelt zählte ihn zu den Musterbeispielen dieser Tugend.

* Bildüberschrift: „Ying Kaoshu paradiert durch die Straßen."

Haha!

Zum Dank für seine Verdienste um die Herrscherfamilie erhob der Herzog Ying in den Rang eines hohen Beamten.

Komm nur her, Ying Kaoshu!

Nur dank deiner Weisheit bin ich mit meiner Mutter glücklich wieder vereint.

Nanu, was schaust du denn beim Reden immerzu auf deinen Ärmel?

Der Fürst persönlich schritt mit den Zügeln in der Hand voran, und als sein Volk sah, dass der Herrscher und seine Mutter gemeinsam heimkehrten, jubelte es ihnen zu.

"Das ist alles meine Schuld, nicht deine!"

Und so nahm der Herzog seine Mutter wieder im Palast auf.

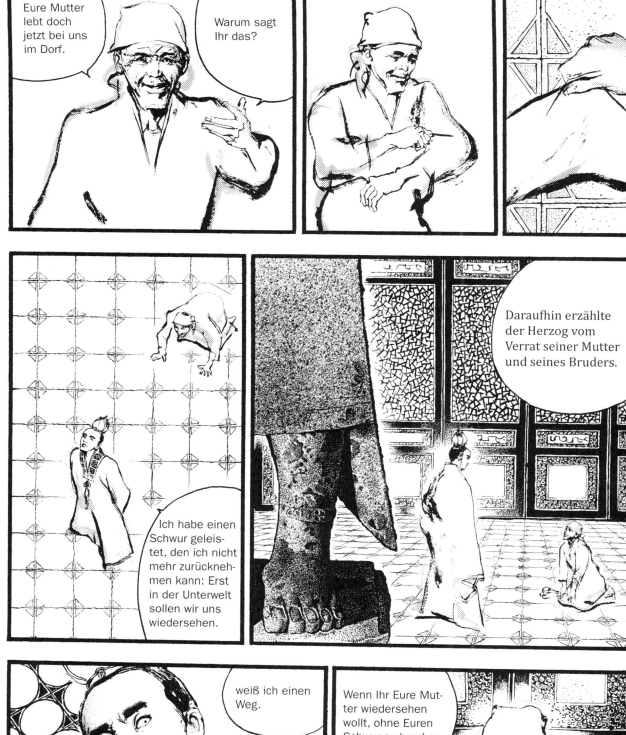

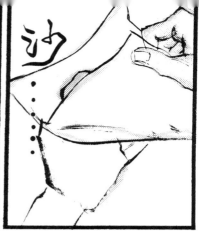

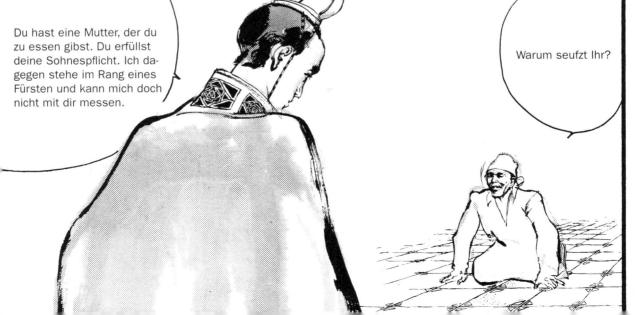

Das ist eine Eulenart. Das Junge wird von seiner Mutter gefüttert, aber wenn es groß ist, frisst es die Mutter.

Was ist denn das für ein Vogel?

...

Weil dieser Vogel so wenig Mutterliebe kennt, fangen und essen wir ihn im Dorf alle.

Sein Fleisch ist schmackhaft, bitte kostet einmal.

Fällst du jetzt schon in deine eigene Falle?!

Hurra! Ich hab's!

Die Mutter des Herzogs wurde nach Ying verbannt, in das Heimatdorf von Ying Kaoshu.

Bald verrohten die Sitten im Dorf merklich.

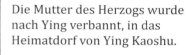

Glaub ja nicht, ich füttere dich weiter durch, wenn du nicht genug Reisig sammelst!

Du Lump!

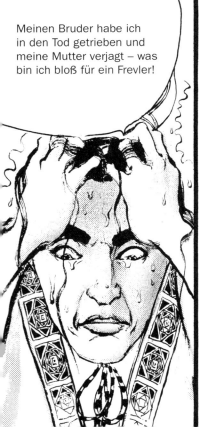

Mein Junge!

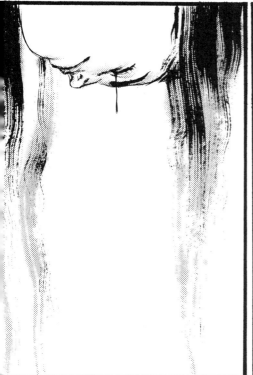

Ach, mein Junge!

Seine Majestät lässt Euch sagen, er leistet einen Schwur: Erst in der Unterwelt sollt Ihr ihn wiedersehen!

Und der Herzog? Bevor ich sterbe, möchte ich ihn noch ein letztes Mal sehen!

Na gut, dann soll dein Leben wenigstens nicht umsonst gewesen sein!

Die Rebellen unterlagen, und ihr Anführer Gongshu Duan schnitt sich die Kehle durch.

Herzog Zhuang führte sein Heer gegen die rebellierenden Truppen seines Bruders in die Schlacht.

Nicht lange danach wurde aus den bösen Vorahnungen furchtbare Realität.

...

Ich baue mir schnell einen Unterschlupf.

In der Provinz Henan, am Fuß des Berges, auf dem das Shaolin-Kloster liegt ...[5]

[5] Hier ist dem Autor ein Fehler unterlaufen: Die Geschichte spielt im 8. Jahrhundert v.Chr., als Buddha noch gar nicht geboren war. Das Shaolin-Kloster wurde erst über 1200 Jahre später gegründet. (Anm. des Übers.)

KAPITEL XVI:
WIEDERSEHEN IN DER UNTERWELT
YING KAOSHU

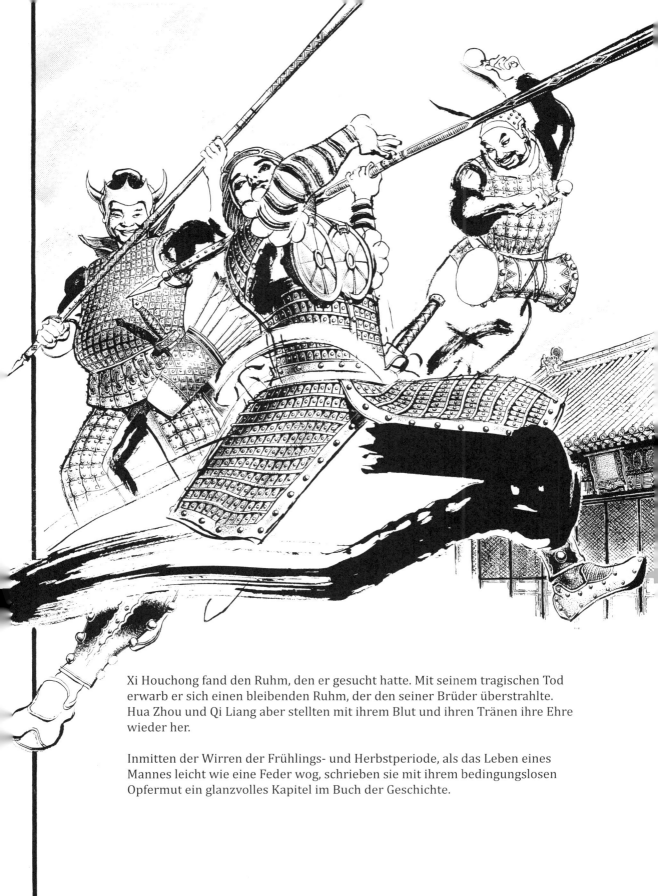

Xi Houchong fand den Ruhm, den er gesucht hatte. Mit seinem tragischen Tod erwarb er sich einen bleibenden Ruhm, der den seiner Brüder überstrahlte. Hua Zhou und Qi Liang aber stellten mit ihrem Blut und ihren Tränen ihre Ehre wieder her.

Inmitten der Wirren der Frühlings- und Herbstperiode, als das Leben eines Mannes leicht wie eine Feder wog, schrieben sie mit ihrem bedingungslosen Opfermut ein glanzvolles Kapitel im Buch der Geschichte.

Dem Herzog von Qi blieb nichts übrig, als auf das Friedensangebot von Ju einzugehen.

Was?

Der Fürst von Ju stellte einen Bettwagen und einen Prachtwagen bereit, um Hua Zhou und die sterblichen Überreste von Qi Liang heim nach Qi zu bringen.

Bald danach erlag Hua Zhou seinen schweren Verletzungen.

Xi Houchongs Körper war zu Asche zerfallen und konnte nicht mehr geborgen werden.

Endlich erlahmten Hua Zhous Kräfte, und er wurde niedergerungen.

Das Heer von Qi greift an!

Eure Majestät! Gefahr im Verzug!

* Aufschrift auf der Standarte: „Qi".

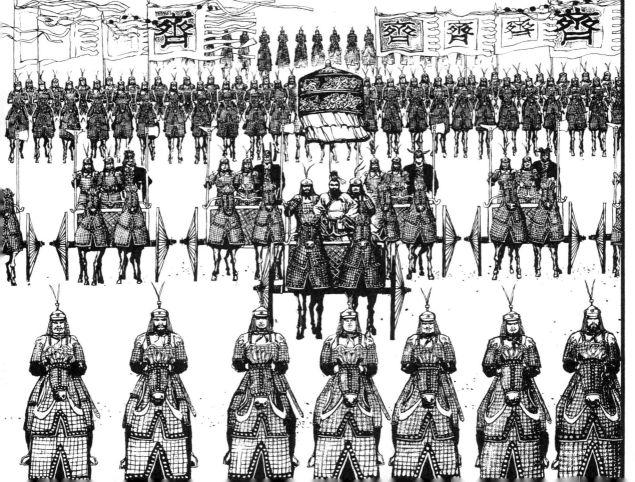

Das ist Öl zum Verkohlen!

ruck!

Hau …

Hahahaha! Ein Feuerangriff? Unser Tor ist mit Kupferblech beschlagen!

Unsere Mauern sind stark, hier kommt ihr nicht rein.

Vergesst nicht, wie der Soldat hieß, der gerade sein Leben gelassen hat:

Xi Houchong!

Schießt!

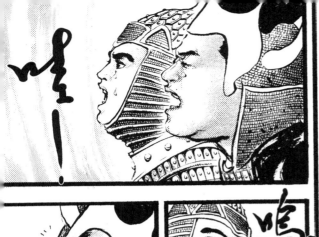

Du hörst ja gar nicht mehr auf zu weinen! Hast du etwa Angst vorm Tod?

Weil ich um ihn trauere, weine ich so lange. Wie könnte ich Angst vorm Tod haben?

Er war genauso furchtlos wie wir, und nun ist er vor uns in den Tod gegangen.

Um seine drei Verfolger aufzuhalten, hatte Herzog Li Bi, der Fürst von Ju, auf einem schmalen Pass ein loderndes Holzkohlenfeuer gelegt.

Schreitet über meinen Leib hinweg!

Von jeher hat nur der Name dessen, der sein Leben für eine gerechte Sache opfert, die Zeiten überdauert.

Und vergesst meinen Namen nicht – **ich heiße Xi Houchong!**

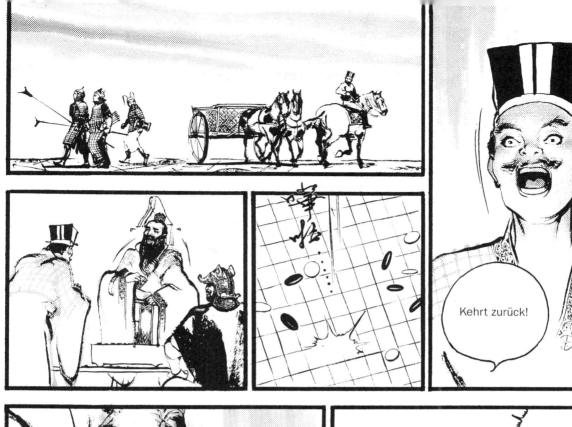

Der Fürst bewundert Euren Heldenmut und möchte Euch mit hohen Ämtern und reichem Lohn beschenken.

Ich beglückwünsche Euch zu diesem wie im Flug errungenen Triumph!

Als der Fürst die Führer der fünf Wagen ernannte, hat er uns zurückgesetzt und unsere Fähigkeiten missachtet –

und nun kommt er uns mit Ämtern und Lohn? Damit beleidigt er uns nur aufs Neue!

Unsere Pflicht gebietet, uns ins Schlachtgetümmel zu werfen und den Feind zu dezimieren.

Hohe Ämter und reicher Lohn lassen uns kalt.

Nach einer Weile war ein Großteil der dreihundert Soldaten von Ju im Kampf gefallen.

Treulos ist, wer einem Befehl seines Fürsten zuwiderhandelt.

Verräterisch ist, wer sein Vaterland im Stich lässt und sich dem Feind ergibt.

Ich kenne nun Euren Heldenmut.

Ich will Euch mit hohen Ämtern betrauen und reich belohnen.

Hohe Ämter und reicher Lohn lassen uns kalt.

Unsere Pflicht gebietet, uns ins Schlachtgetümmel zu werfen und den Feind zu dezimieren.

Zurück!

Nachdem der Fürst von Ju erfahren hatte, dass die Truppen von Qi vor seiner Grenze standen, ging er im Morgengrauen persönlich mit dreihundert Mann im Grenzgebiet auf Patrouille.

Wir sind Generäle von Qi! Wer nimmt den Kampf mit uns auf?

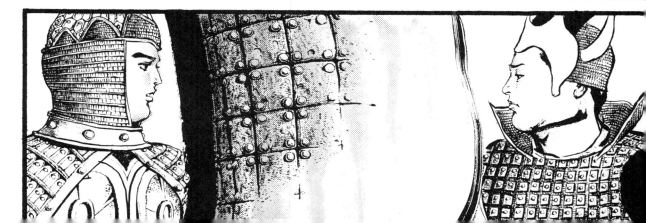

Eure Majestät!

Ich muss erst meine Mutter fragen, wie sie darüber denkt.

Wie sollen wir den Leuten daheim so unter die Augen treten! Am besten, wir quittieren einfach unseren Dienst!

Sonst gebt Ihr den Kriegern, die Ihr anwerbt, fünf Wagen! Auch wir sind Eurem Ruf gefolgt, um Euch mit unserem Mut zu dienen!

Ach!

Versuchen wir unser Glück anderswo!

Die anderen bekommen je fünf Wagen, und wir sollen uns einen Wagen teilen? Das ist keine Anstellung, das ist eine Demütigung!

Das Salz ist bald zerlaufen – wo bleiben die beiden denn bloß?

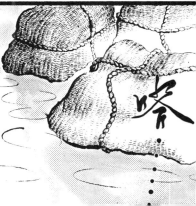

als Erste unter den Kriegern der Tierkreiszeichen: als Ratte und Büffel.

Hahahahahahaha!

Ihr seid mir ja wahrhaft zwei jugendliche Helden!

* Aufschrift auf dem Spruchband: „Unsere ruhmreichen Helden".

In der Mitte der Frühlings- und Herbstperiode warb Herzog Zhuang von Qi überall Krieger für seine Leibgarde an – eine Elitetruppe, die ihm die Vorherrschaft unter den Staaten verschaffen sollte. Wer in dieser Garde Aufnahme finden wollte, musste ein Gewicht von tausend Pfund stemmen und mit einem Pfeil sieben Bretter durchschießen können.
Die Gardisten erhielten nicht bloß ein Beamtengehalt, sondern auch einen Helm mit einem der zwölf Tierkreiszeichen und fünf vierspännige Kriegswagen, weshalb man sie auch „die Führer der fünf Wagen" nannte.

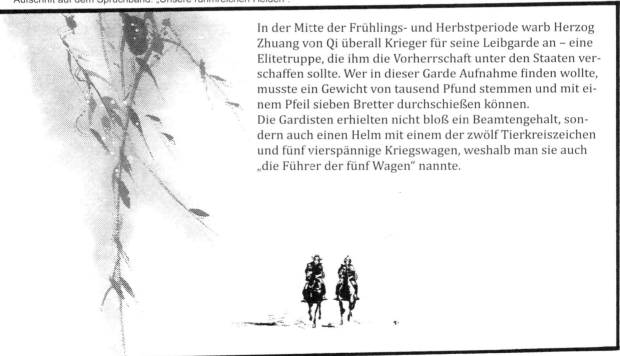

Nun, da Hua und Qi dank einer Empfehlung ihre Chance erhielten, wollten sie sich durch unbedingten Einsatz die höchsten Sporen verdienen, nämlich ...

KAPITEL XV:

DREI GEWALTIGE KRIEGER XI HOUCHONG, HUA ZHOU UND QI LIANG

Alle Familien stecken Weidengerten an ihre Türen, um Jies Seele zu rufen, ...

das „Fest der kalten Speisen", an dem sie darauf verzichten, ihr Essen zu kochen.

Zum Gedenken an Jies Flammentod feiern die Menschen seitdem am Vortag des Totenfestes Anfang April ...

oder sie opfern und verbrennen Totengeld – alles zu Ehren von Jie Zitui.

Als sich die Nachricht von Jies Tod im Land verbreitete, ...

Von heute an soll dieses Gebirge Jie-Gebirge heißen, auf dass die Welt von meiner Schuld erfährt!

vergossen die einfachen Leute, berührt von so viel Standhaftigkeit, Tränen des Mitleids.

Jie Zitui! Jie Zitui!

Nichts als Berge und nirgends eine Spur von ihm!

Ach! Zitui, hasst du mich denn so sehr?

Da fällt mir ein, wie innig er seine Mutter liebt. Wenn wir die Berge in Brand stecken, wird er gewiss mit ihr auf dem Rücken herauskommen.

Pah! Als wir im Exil umhergezogen sind, haben wir uns alle unsere Verdienste erworben und nicht bloß Jie Zitui.

Wenn er aus seinem Versteck herauskommt, werde ich ihn ordentlich zur Schnecke machen.

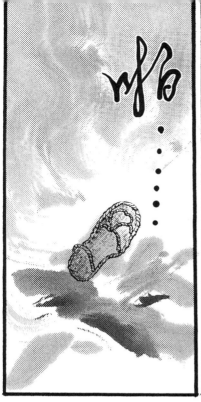

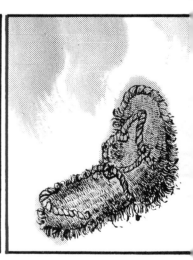

Ach! Ich habe den Thron bestiegen, und Zitui muss so ein ärmliches Dasein fristen?

Wer weiß etwas über den Verbleib von Jie Zitui? Wer mich darüber aufklärt, dem verleihe ich ein Amt!

Weil er sich schämte, um eine Belohnung zu bitten, hat er seine Mutter geschultert und sich mit ihr in die Einsamkeit des Mianshan-Gebirges zurückgezogen.

Aus Sorge, seine Verdienste könnten in Vergessenheit geraten, habe ich mich erdreistet, sie in meiner Klageschrift ins rechte Licht zu rücken.

nicht von Jie Zitui.

Die Klageschrift ist von mir, …

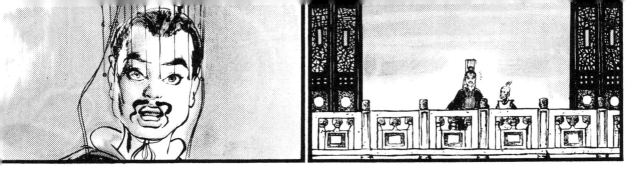

Es war einmal ein Drache, der führte ein einsames und freudloses Leben und klagte lauthals um seine verlorene Heimat. Nur ein paar Schlangen zogen mit ihm umher durch die Lande. Einmal litt er Hunger und fand nichts zu essen, da schnitt sich eine Schlange für ihn ihr eigenes Fleisch aus dem Leib. Zu guter Letzt aber kehrte er heim ins Meer und genoss ein sorgloses und glückliches Leben. Auch die Schlangen an seiner Seite fanden Aufnahme in seiner prächtigen Höhle, und es erging ihnen gut. Nur eine Schlange hatte keine Bleibe und vergoss bittere Tränen in der Einöde.[4]

[4] Die Schriftrolle rechts erzählt dieselbe Geschichte in klassischem Chinesisch. (Anm. des Übers.)

有龍矯矯悲失其所數蛇從之周流天下龍饑之食一蛇割股龍返於淵安其壞土數蛇入穴皆有甯宇一蛇無穴號於中野

Bald verteilte der neue Herzog Lehnsgüter je nach Größe der Verdienste, die sich ein jeder erworben hatte.

Danke, Eure Majestät!

Über all seinen Pflichten vergaß der Herzog ausgerechnet Jie Zitui.

Bald danach führte der Herzog persönlich sein Heer nach Jin und unterwarf dessen Streitmacht erneut.

Mit seiner Hilfe bestieg Chong'er als Herzog Wen von Jin den Thron.

Jie Zitui machte dem neuen Fürsten nur einmal seine Aufwartung, um ihm zu gratulieren. Danach schob er eine Krankheit vor und blieb dem Hofe fern.

Daher empfing Herzog Mu nun Chong'er mit allen Ehren, als wäre sein Gast ein Fürst – zum Zeichen seiner Hochachtung für Chong'er, aber auch um seinen Hass auf Yiwu und dessen Sohn zu zeigen.

Da die Dinge nun schon so weit gediehen sind, füge ich mich eurem Willen.

Sein Sohn Kronprinz Yu, der in Qin als Geisel gehalten wurde, floh zurück in seine Heimat und bestieg als Herzog Huai von Jin den Thron.

In seinem zehnten Regierungsjahr starb Herzog Hui von Jin an einer Krankheit.

Aus Sorge, der rechtschaffene und tüchtige Chong'er könnte auf dem Thron von Jin den Interessen von Qin schaden, hatte Herzog Mu von Qin seinerzeit Yiwu als Kandidaten unterstützt – und sich damit am Ende nur ins eigene Fleisch geschnitten.

Ich bereue, dass ich damals Yiwu als Fürst von Jin anerkannt habe und nicht Chong'er.

[3] Heute entspricht ein *Li* fünfhundert Metern, in der Antike nur gut vierhundert Metern. (Anm. des Übers.)

Hoheit, wir möchten den Prinzen zur Jagd einladen.

Qi zu verlassen und anderswo seine Chance zu suchen, aber er hat sich beharrlich geweigert.

Ihr wollt den Prinzen nötigen, in ein anderes Land zu gehen. Ich weiß Bescheid.

Gestern Abend habe ich ihm auch nach Kräften zugeredet, ...

Deshalb werde ich ihn heute Abend betrunken machen, damit ihr ihn bequem aus der Stadt schaffen könnt.

Und welches Reich wollt ihr diesmal erjagen? Qin oder Chu?

Weil der Herzog nur Gutes von Chong'er gehört hatte, gab er ihm seine Tochter Qi Jiang zur Frau.

Herzog Huan von Qi war zu dieser Zeit schon ein alter Mann ... und sein Kanzler Guan Zhong gestorben.

Als dann der Herzog an einer Krankheit verstarb, kämpften seine Söhne um die Thronfolge und stürzten das Land ins Chaos.

Der Prinz genoss die Annehmlichkeiten seines neuen Lebens so sehr, dass er darüber seine Heimat vergaß.

Darüber hinaus hegen wir keine Hoffnung auf Belohnung.

Möget Ihr nur bald nach Jin heimkehren und uns zu Euren Beamten machen.

aber ihr alle habt darunter zu leiden. Wenn ich nur wüsste, wie ich euch eure Treue vergelten könnte!

Ach ...

Vom Hunger geschwächt, trafen Chong'er und seine Begleiter im Reich Qi ein.

Ich habe gehört: Ein treuer Beamter opfert sich für seinen Herrscher wie ein liebender Sohn für seine Eltern.

Deshalb habe ich mir ein Stück Fleisch aus dem Oberschenkel geschnitten und daraus eine Suppe für Euch gekocht.

Zitui, wo hast du denn dieses Fleisch aufgetrieben?

Ach, ich bin bloß ein Flüchtling, der durch die weite Welt streunt, …

Aber ...

Was duftet denn da so?

Haltet Euch gefälligst im Zaum! Lieber verhungert der Prinz, als dass er Eure Raubzüge billigen würde!

Ich ... kann ... nicht ...

Hoheit, Ihr müsst auf Eure Gesundheit achten. Bitte stärkt Euch ein wenig mit ein paar Kräutern.

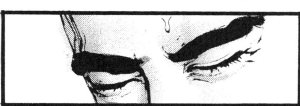

Oh nein! Der Prinz ist vor Hunger in Ohnmacht gefallen!

Jie Zitui, ein Beamter aus Chong'ers Gefolge

Pah! Wenn es das ist, was der Fürst von Wei unter Gastfreundschaft versteht – dass er nicht mal seine Stadttore öffnet, um den Prinzen zu empfangen –, ... dann plündere ich eben seine Dörfer, und niemand kann es mir zum Vorwurf machen!

In der Frühlings- und Herbstperiode besiegte Herzog Mu von Qin in der Schlacht am Longmenshan, einem Gebirgszug am östlichen Rand des tibetischen Hochlands, Herzog Hui von Jin und nahm ihn gefangen.
Als Herzog Hui nach seiner Freilassung in sein Reich heimgekehrt war, fürchtete er um seinen Thron und befahl ein Attentat auf seinen älteren Bruder Chong'er. Daraufhin floh Chong'er mit ein paar Getreuen aus Jin. In diesem Moment nun schickten sich die Wanderer gerade an, den Staat Wei hinter sich zu lassen.

KAPITEL XIV:
DER WEINENDE DRACHE JIE ZITUI

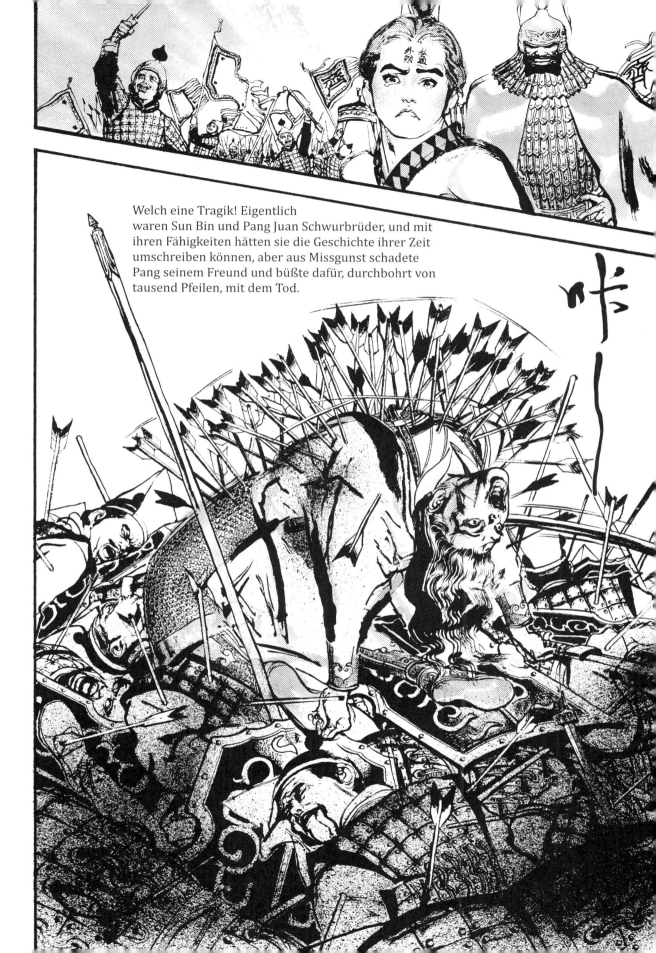

Welch eine Tragik! Eigentlich waren Sun Bin und Pang Juan Schwurbrüder, und mit ihren Fähigkeiten hätten sie die Geschichte ihrer Zeit umschreiben können, aber aus Missgunst schadete Pang seinem Freund und büßte dafür, durchbohrt von tausend Pfeilen, mit dem Tod.

Argh!

Nun hat er den Ruhm!

Hätte ich Sun Bin doch nur getötet!

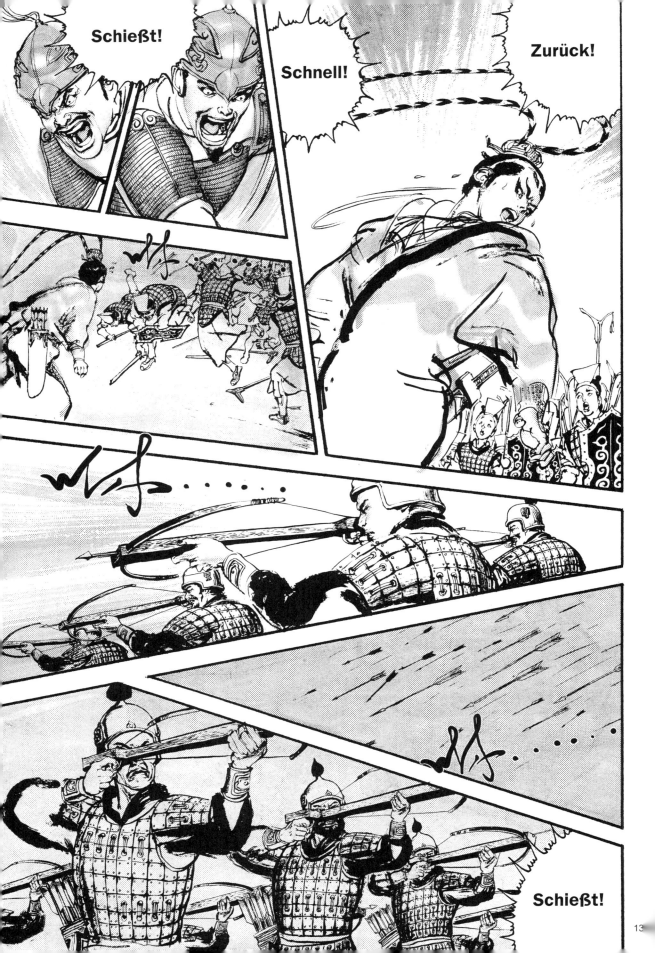

* Inschrift auf dem Stein: „Malingdao." Das erste Zeichen dieses Namens, *ma*, bedeutet „Pferd". (Anm. des Übers.)

Ein Lamm verheißt dir Ruhm, ein Pferd den Untergang.

Malingdao[2]

[2] Ein Gebirgspass im Südosten der heutigen Provinz Shandong. (Anm. des Übers.)

Die Streitmacht von Qi ist erstaunlich mächtig. Wir dürfen sie nicht auf die leichte Schulter nehmen.

Bloß ihre Kochgeschirre – hunderttausend an der Zahl – hatten die Soldaten zurückgelassen.

Einen Tag später waren bloß noch dreißigtausend Kochgeschirre übrig geblieben.

Am Tag darauf berichteten die Kundschafter von nur noch fünfzigtausend Kochgeschirren.

Erschrocken führte Pang sein Heer nach Wei zurück.

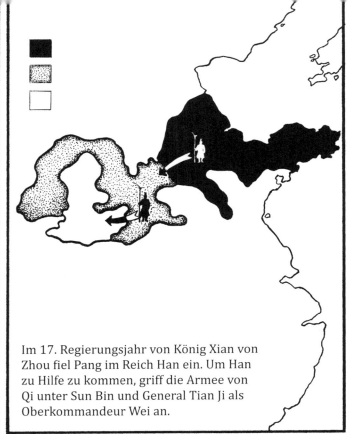

Im 17. Regierungsjahr von König Xian von Zhou fiel Pang im Reich Han ein. Um Han zu Hilfe zu kommen, griff die Armee von Qi unter Sun Bin und General Tian Ji als Oberkommandeur Wei an.

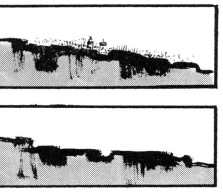

Als Pang nach Wei zurückkehrte, hatte sich das Heer von Qi bereits wieder aus dem Grenzgebiet zurückgezogen.

General Tian, die Truppen von Wei hatten schon immer eine geringe Meinung von uns. Tun wir doch so, als hätten wir Angst vor ihnen, und locken sie so in eine Falle!

Unter dem Vorwand, Tee als Geschenk darzubringen, retteten die Truppen von Qi heimlich Sun Bin.

Pang Juan, ich werde dafür sorgen, dass sich dein Schwur erfüllt.

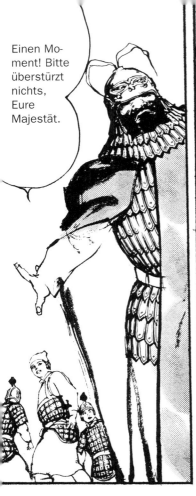

Meister, habt Ihr all das vorhergesehen?

Habt Ihr mir deshalb ein neues Namenszeichen gegeben – um mich zu warnen?

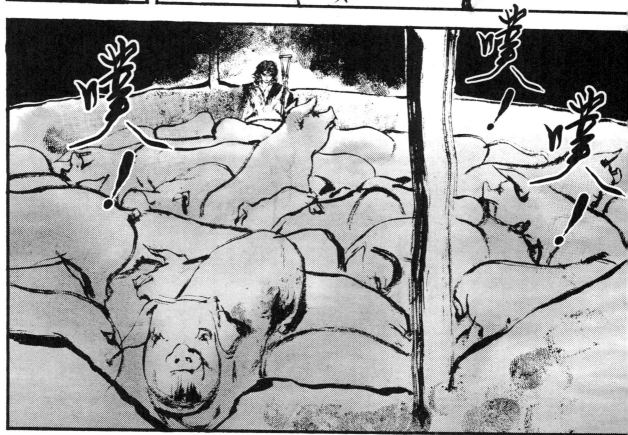

Wenn ich nicht weiterschreibe, bringe ich ihn in Rage, und es ist aus mit mir.

Dass Pang Juan so heimtückisch ist ...

Ich hab's: Das Täschchen, das mir der Meister gegeben hat ...

und das ich nur in großer Gefahr öffnen soll!

* „Stell dich verrückt."

Ach!

Sun Bin war verkrüppelt und auf Pangs Gastfreundschaft angewiesen. Zum Dank wollte er ihm *Die Kunst des Krieges* schenken.

Was ist denn?

Ihr ahnt nicht, dass der Marschall Euch aus Neid zugrunde richten will.

Es gibt nur einen Grund, warum Ihr noch am Leben seid: Ihr sollt dieses Kriegsbuch erst zu Ende schreiben.

Mir reicht's, ich kann das nicht mehr mit ansehen!

Sobald Ihr damit fertig seid, seid Ihr ein toter Mann!

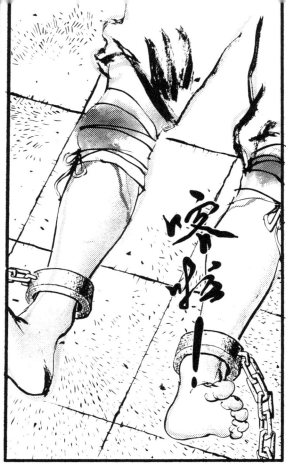

* Schandmal: „Kollaborateur".

Ach …

Der Meister hat mir prophezeit, ich würde versehrt werden, doch großes Unheil würde mir nicht widerfahren.

Nur dank deiner Güte, Bruder, bin ich noch am Leben.

Du hast sie in die Vase zurückgestellt, …

also wirst du zu guter Letzt in deinem Vaterland zu Amt und Würden kommen.

Diese Chrysantheme ist nicht mehr heil, und doch erträgt sie auch bittere Kälte;

sie ist versehrt, und doch bedeutet das kein großes Unheil.

Dann schenkte er ihm noch ein Seidentäschchen und schärfte ihm ein, es nur in großer Gefahr zu öffnen.

Daraufhin gab Guiguzi seinem Schüler zur Schreibung seines Vornamens ein anderes Zeichen *bin*, das eine Strafe benennt: die Entfernung der Kniescheiben.

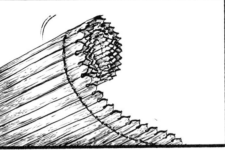

Sogleich eilte Pang von Erfolg zu Erfolg: Er griff eine Reihe kleinerer Staaten wie Wei und Song an, und er besiegte die Streitmacht von Qi, die in das Grenzland eingefallen war.

Der Meister verkennt meinen Bruder. Bei passender Gelegenheit werde ich ihn auf jeden Fall in das Buch einweihen.

Pang Juan ist kein Ma von edler Gesinnung. Wie könnte ich ihm dieses Werk leichtfert anvertrauen!

Der Palast von Wei

Ein Lamm!

„Ein Lamm verheißt dir Ruhm" – also winkt mir hier ein hohes Amt.

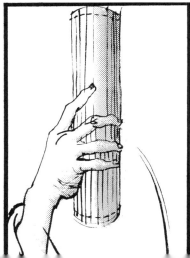

KAPITEL XIII:
DURCHBOHRT VON TAUSEND PFEILEN
SUN BIN UND PANG JUAN

Als Lin Xiangru und Lian Po einander die Treue schworen, jubelte ganz Zhao. Solange beide gemeinsam ihrem Land dienten, wagte die Streitmacht von Qin nicht einen Fuß über die Grenze zu setzen.

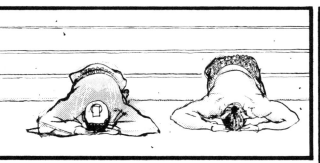

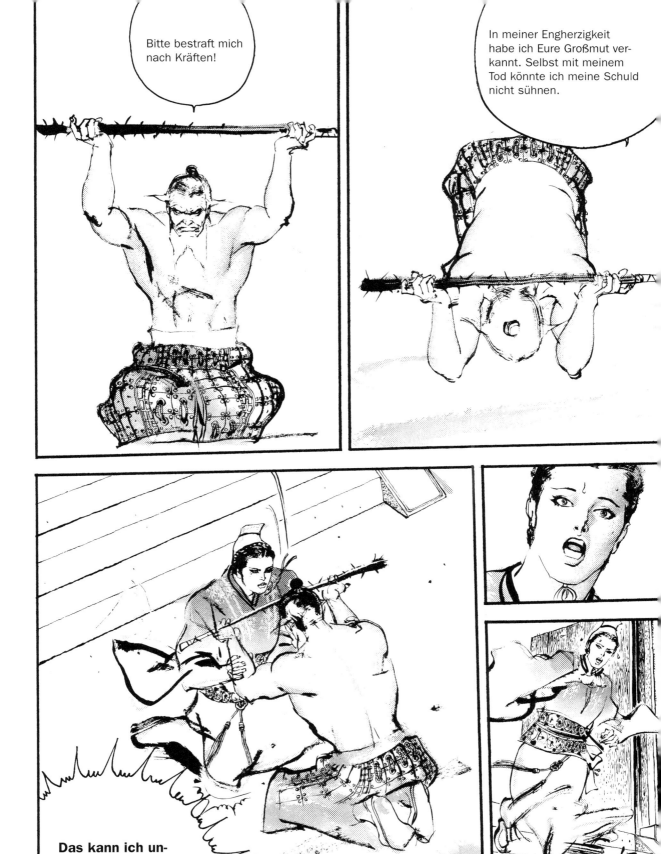

Ich bin der Krieger Lian Po!

Ich habe den Kanzler beleidigt und bin mit dem Knüppel gekommen, um meine Schuld zu bekennen und um Bestrafung zu bitten!

Uaah!

das gibt bestimmt Ärger.

Der General und der Kanzler sind sich nicht grün, …

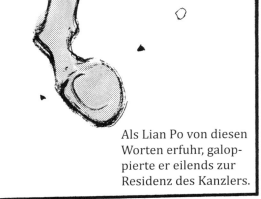

Als Lian Po von diesen Worten erfuhr, galoppierte er eilends zur Residenz des Kanzlers.

Nanu! Ist das nicht General Lian? Was will er denn beim Kanzler?

Das schauen wir uns an!

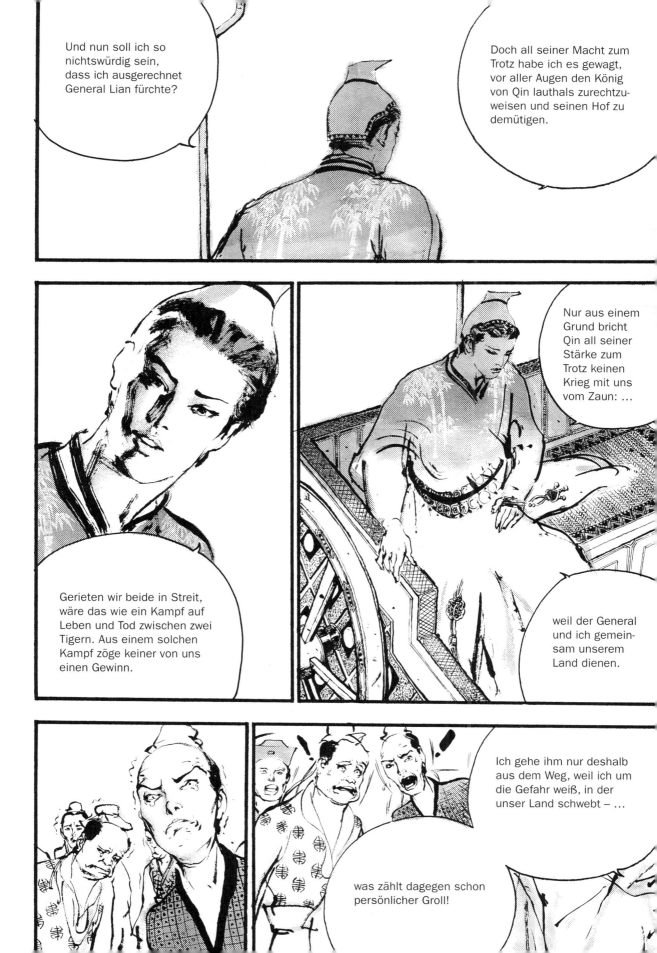

...

Wir haben nicht Eure Selbstbeherrschung, deshalb bitten wir, unseren Abschied nehmen zu dürfen.

Schon normale Menschen würden das als Schande empfinden – um wie viel mehr sollte das für Euch als Kanzler gelten!

Ist General Lian mächtiger als der König von Qin?

Natürlich nicht.

*Zeichen auf den Standarten oben: „Lian" [Po].

Puh! Ist er fort?

Schnell weg von hier!

Oh! Ist das nicht der Konvoi von General Lian?

Damit stand er nun auch über Lian Po, einem der höchsten Generäle.

Nach dem Treffen erhob der König ihn zum Kanzler.

* Aufschrift auf der Tafel: „Kanzler Lin Xiangru".

Nach seiner Heimkehr wurde Lin vom König, der ihm große Anerkennung zollte, zu einem hohen Würdenträger ernannt. Weil der König von Qin in der Folge keine Städte an Zhao abtrat, sah sich Zhao auch nicht mehr genötigt, die Jade zu überbringen.

Bald darauf trafen sich die beiden Herrscher, um ein Bündnis zu schließen. Dabei half Lin mit seinem furchtlosen Auftreten, die Interessen und die Würde seines Landes zu wahren.

Seit den Zeiten von Herzog Mu hat nicht einer der gut zwei Dutzend Herrscher, die auf dem Thron von Qin gesessen haben, seine Bündnisversprechen gehalten.

Um die großen Erwartungen, die der König von Zhao in mich gesetzt hat, nicht zu enttäuschen, habe ich längst einen Boten mit dem Heshibi zu ihm zurückgeschickt.

wie könnten wir es da um einer Jade willen wagen, Euch zu brüskieren!

Doch Ihr seid stark und wir sind schwach – solltet Ihr also wirklich die versprochenen Städte an uns abtreten, ...

In diesem Moment sollte der Bote bereits wieder in Zhao eingetroffen sein.

Ich bitte Euch bloß: Wägt meine Worte mit Bedacht.

Ich habe Euch hintergangen und erwarte Eure unbarmherzige Bestrafung.

Der Gesandte von Zhao überreicht den Heshibi!

Allein im Glauben an Euer Versprechen hat der König von Zhao fünf Tage gefastet, ehe er mich mit dem Heshibi zu Euch geschickt hat.

[A]us Achtung vor der [W]ürde von Qin hat der [K]önig so gehandelt.

Ihr aber behandelt mich nun ohne jeden Respekt und lasst die Jade einfach unter Euren Palastdamen herumreichen, als wolltet Ihr das Reich Zhao mit Eurer Achtlosigkeit verhöhnen.

Weil ich bei Euch keine aufrichtige Absicht erkennen kann, Euer Versprechen einzuhalten, habe ich die Jade wieder an mich genommen.

Der Palast von Xianyang,
der Hauptstadt von Qin

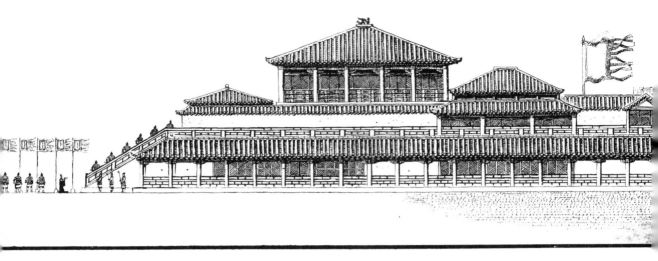

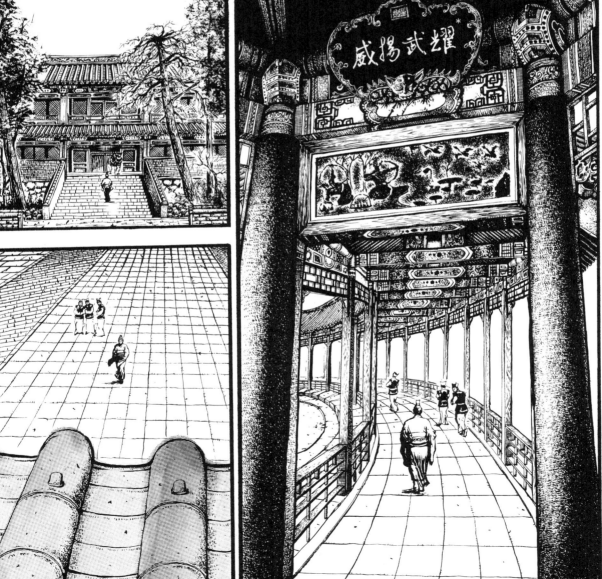

*Aufschrift oben am Wandelgang: „Strotzen vor Stärke und Macht".

*Zeichen auf den Standarten unten: „Zhao".

Ach!

Miao Xian folgte dem Rat seines Gesellschafters und wurde tatsächlich begnadigt.

Eure Majestät, warum seufzt Ihr?

Hätten wir doch bloß einen geeigneten Gesandten, dem wir den Heshibi auf einer Mission nach Qin anvertrauen könnten!

Der König von Qin will fünfzehn Städte gegen den Heshibi eintauschen.

Ach!

Angesichts der Stärke von Qin und unserer eigenen Schwäche dürfen wir ihm diesen Wunsch nicht abschlagen – aber gleichzeitig müssen wir fürchten, dass er sein Wort bricht und uns nicht eine Stadt überlässt.

Im Winter ersetzt er Euch den Ofen, im Sommer spendet er dem ganzen Raum Kühle.

Und obendrein vertreibt er auch noch Ungeziefer.

Dass ich, ein Jadeschmied, einen Blick von ihm erhaschen durfte,

ist mehr Glück, als ich in meinem Leben erhoffen konnte!

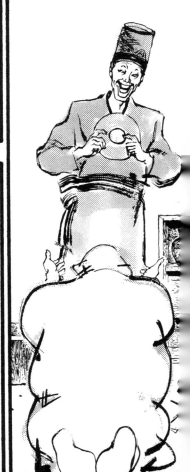

Doch der Obereunuch leugnete alles ab.

Als der König von Zhao erfuhr, dass sein Obereunuch Miao Xian in den Besitz des Heshibi gelangt war, verlangte er das berühmte Kleinod für sich selbst.

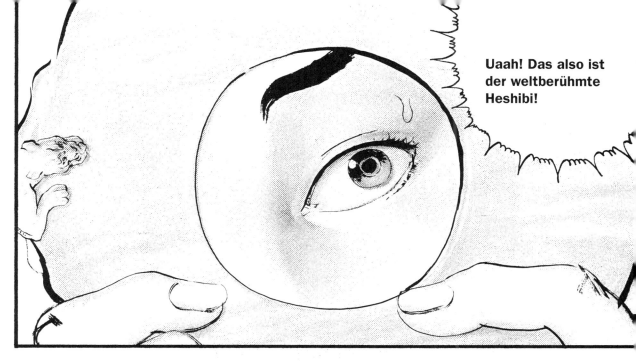

KAPITEL XII:
FREUNDE AUF LEBEN UND TOD LIN XIANGRU UND LIAN PO

Mit seinem Tod rettete Chu Ni den treuen Kanzler Zhao Dun, ohne sich gegenüber seinem heimtückischen Wohltäter undankbar zu zeigen. Die Geschichtsschreiber ehren ihn deshalb als den Edelsten unter den Attentätern.

Herzog Ling von Jin wurde nicht lange danach von einem seiner Generäle, Zhao Chuan, ermordet.

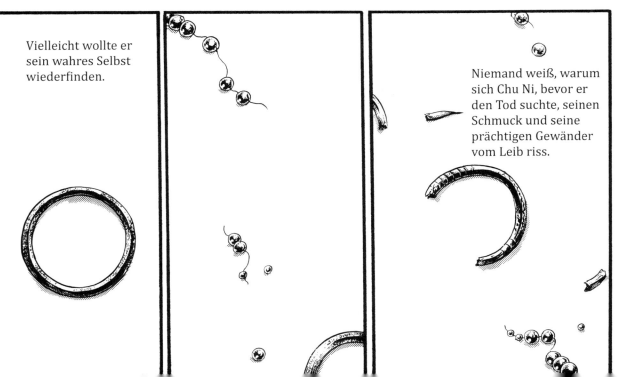

Vielleicht wollte er sein wahres Selbst wiederfinden.

Niemand weiß, warum sich Chu Ni, bevor er den Tod suchte, seinen Schmuck und seine prächtigen Gewänder vom Leib riss.

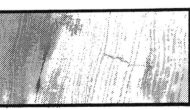

* Zeichen unten links: *Peng*. Lautmalerisch wie im Deutschen.

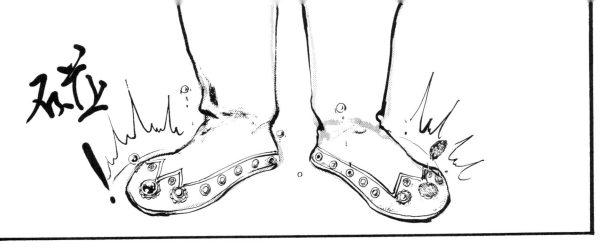

Wer da?

Wer einen aufrechten Beamten ermordet, verstößt gegen die Menschlichkeit. Wer das Vertrauen seines Herrn enttäuscht, verletzt die Gerechtigkeit.

schrift auf dem Amulett: „Lang möge er leben!"

Das ist ein Mann, der bereit ist, sein Leben für sein Land zu geben – hätte er damals Geld gehabt, er hätte mir gewiss aus meiner Not geholfen.

Dass es am Hof so einen aufrechten Beamten gibt!

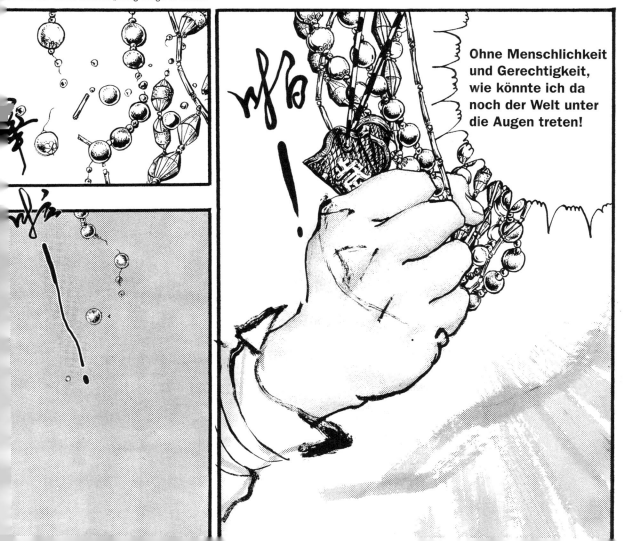

Ohne Menschlichkeit und Gerechtigkeit, wie könnte ich da noch der Welt unter die Augen treten!

Der Fürst ist ein Mann ohne Moral, er behandelt die Menschen wie Unkraut. Trotzdem will ich ihm heute nochmals ins Gewissen reden, auch wenn ich damit mein Leben aufs Spiel setze.

Ach …

Weil Zhao Dun sich nicht beim Fürsten eingeschmeichelt hatte, erhielt er bloß ein geringes Gehalt und keine sonstigen Zuwendungen, und weil er eine große Familie zu ernähren hatte, mussten sie ihr Leben in Armut fristen.

Mir ist es nur leid um dich und unsere Familie. Ich habe keine Ersparnisse zurückgelegt, und mein Tod würde euch in bittere Armut stürzen.

Ich werde gewissenhaft haushalten, du brauchst dich nicht zu sorgen.

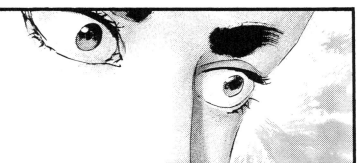

Fast im Flug stürmte Chu Ni zur Residenz des Kanzlers.

traute er kaum seinen Augen.

Aber als er dort eintraf, ...

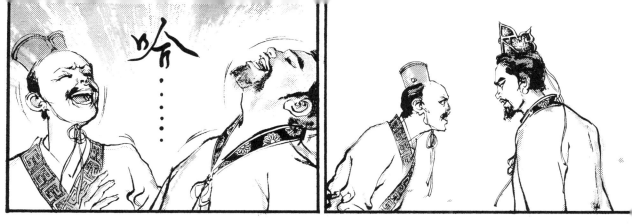

Ich soll jemanden umbringen?

Ist das derselbe Zhao Dun, der damals mein Flehen um Hilfe ignoriert hat?

Zhao Dun drangsaliert den Fürsten und hat die Macht an sich gerissen!

Seine Majestät persönlich befiehlt dir das Attentat!

das sollten mehr als genug der irdischen Freuden sein.

Eure Majestät, im Palast könnt Ihr Euch mit Euren Damen und Dienern, im Freien mit der Jagd vergnügen – ...

Ich habe Euch nicht rufen lassen, Kanzler. Was führt Euch zu mir?

Jin wurde damals von einem gewissenlosen Tyrannen regiert, dem Herzog Ling, der sich einen Spaß daraus machte, von einem Turm herab mit einer Zwille auf seine Untertanen zu schießen.

Als sein Kanzler Zhao Dun davon erfuhr, machte er ihm hellauf empört sogleich Vorhaltungen.

Weil sein Küchenmeister die Bärentatzen nicht weich genug gekocht hatte, ließ er ihn grausam vierteilen.

Hehe …

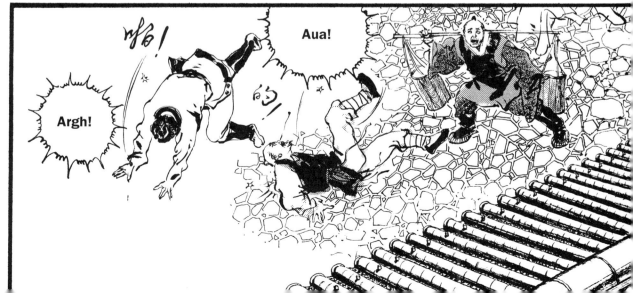
Argh!
Aua!

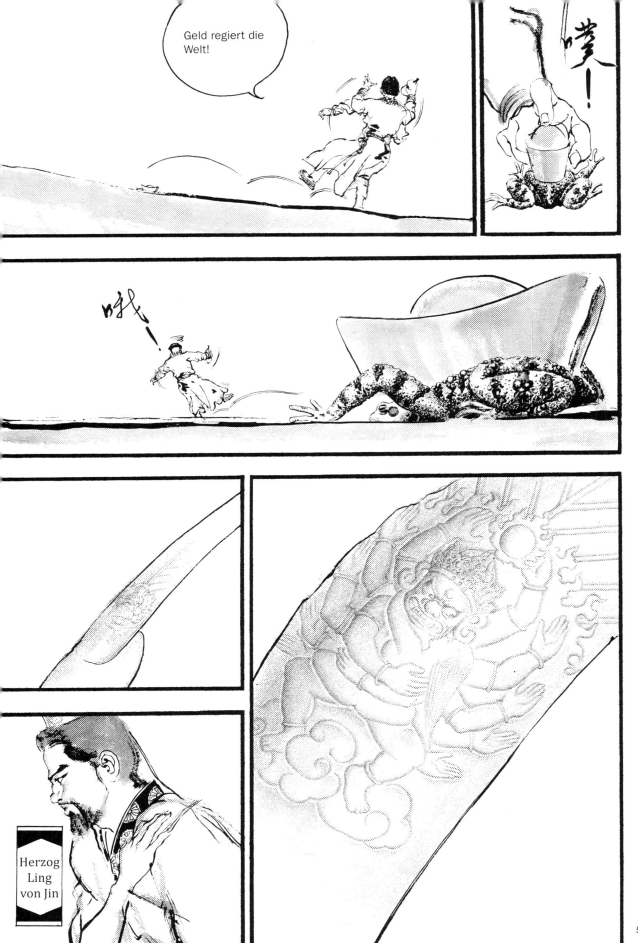

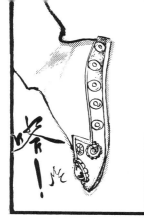
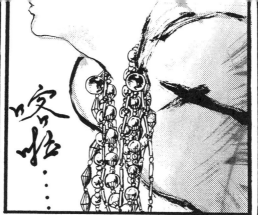
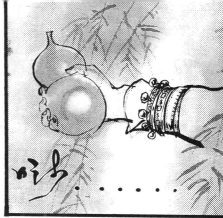

Weißt du, was besser ist, als sich im Schwertkampf zu üben? Zu lernen, wie man Reichtümer scheffelt wie ein hoher Beamter!

Du glaubst mir nicht?

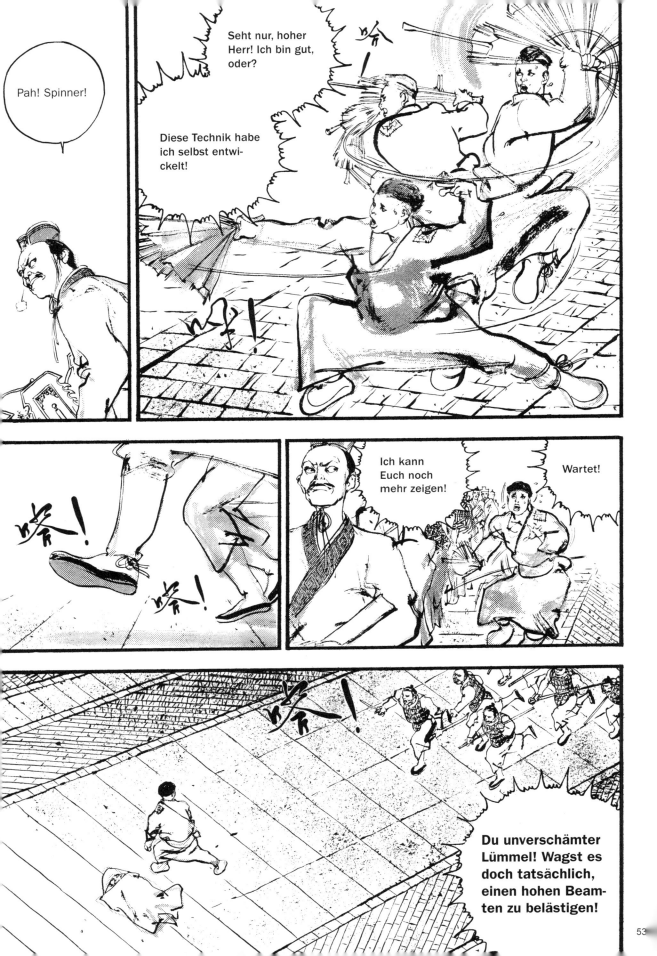

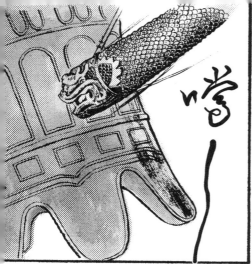

Eines Tages in der Frühlings- und Herbstperiode, als die Beamten im Reich Jin von einer Audienz kamen ...

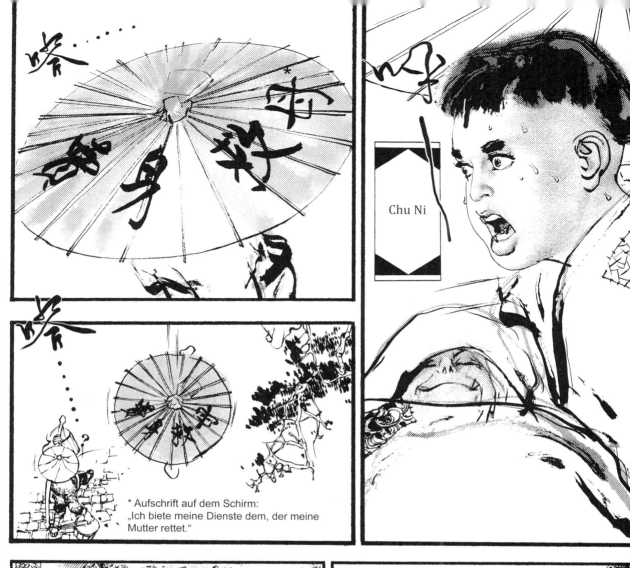

Chu Ni

* Aufschrift auf dem Schirm: „Ich biete meine Dienste dem, der meine Mutter rettet."

Zu Recht gilt Sunzi als das Kriegsgenie Chinas.

Sein Werk über die Kriegskunst aber, das Sunzi bei seinem raschen Rückzug hinterließ, wurde im 16. Jahrhundert, im Zeitalter der Streitenden Reiche in Japan, von dem berühmten General Takeda Shingen so hochgeschätzt, dass er sich „Wind", „Wald", „Feuer" und „Berg" als Leitspruch auf seine Standarten sticken ließ. Und selbst im fernen Westen zollte Napoleon der *Kunst des Krieges* seine Bewunderung.

* Die Aufschriften auf den Standarten oben stellen Zitate aus der *Kunst des Krieges* dar. Von links nach rechts: „Stürmisch wie der Wind. Unerschütterlich wie der Berg. Alles verschlingend [wie das Feuer]. Bedächtig [wie der Wald]. Stürmisch wie der Wind." – Unten links ist der Titel genannt: „*Die Kunst des Krieges* von Sunzi". Unten von rechts nach links ein Auszug aus „Kapitel 7: Das Gefecht. […] Daher beruht die Kriegführung auf der Täuschung; die Aussicht auf Gewinn treibt sie voran […]. Daher heißt es stürmisch sein wie der Wind und bedächtig wie der Wald, alles verschlingend wie das Feuer und unerschütterlich wie der Berg, unauslotbar wie das Dunkel und behände wie Blitz und Donner. Plünderst du einen Landstrich, so teile die Beute mit deinen Mannschaften. [Vergrößerst du dein] Territorium, so teile den Gewinn. […]"

Auch König Helü sprach Sunzi die größten Verdienste zu.

Doch Sunzi wollte nicht bei Hof bleiben, sondern sich in die Einsamkeit der Berge zurückziehen.

Hü!

Eilig befahl der König Wu Zixu, den Kriegshelden zum Bleiben zu bewegen.

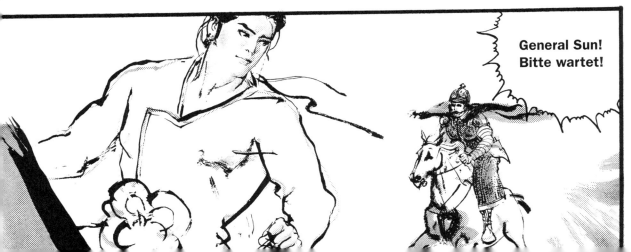

General Sun! Bitte wartet!

Von da an war das Reich Wu in den anderen Staaten der Frühlings- und Herbstperiode in aller Munde. Aber die wahren Väter des Erfolgs waren Sunzi und Wu Zixu.

...und so ernannte er ihn schließlich zum General.

Seinem Unmut zum Trotz sah König Helü ein, wie gut sich Sunzi auf die Truppenführung verstand, ...

Danach eroberte König Helüs kleines Reich im Westen das mächtige Chu samt seiner Hauptstadt Ying, während es im Norden, in der zentralen Ebene rings um den Gelben Fluss, die Reiche Qi und Jin in Angst versetzte.

* Aufschrift auf der Standarte: „Sun" (d.i. Sunzi).

Mir ist die Lust am Zuschauen vergangen.

Sagt Meister Sun, er soll seine Truppen wegtreten lassen.

aber er vermag sie nicht in die Praxis umzusetzen.

Der König findet bloß Gefallen an der Theorie, ...

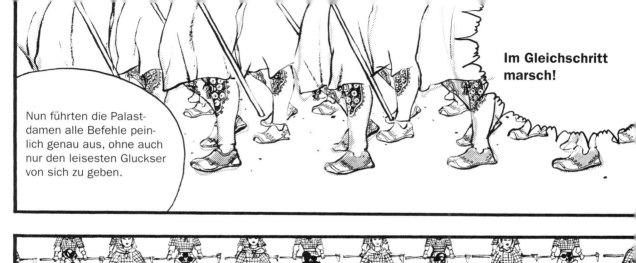

Im Gleichschritt marsch!

Nun führten die Palastdamen alle Befehle peinlich genau aus, ohne auch nur den leisesten Gluckser von sich zu geben.

Eure Majestät, die Truppen stehen nun bereit für Eure Inspektion.

Ihr könnt sie jetzt nach Belieben einsetzen;

sie würden für Euch durchs Feuer gehen.

Schluchz!

Argh!

Abteilung kehrt!

Nachdem Sunzi die beiden Lieblingskonkubinen des Königs hatte köpfen lassen, ernannte er zwei andere Palastdamen zu Kompanieführern.

Argh!

Da wir sie nicht alle köpfen können, sollen nur die Kompanieführer zur Rechenschaft gezogen werden.

Köpft die Befehlsverweigerer!

Wenn die Kommandos nicht klar erklärt werden, liegt die Schuld beim General.

Hat er sie aber klar und deutlich erläutert, und sie werden trotzdem nicht ausgeführt, so liegt die Schuld bei den Soldaten.

Haltet ein!

Wenn ich meine beiden Lieblingskonkubinen verlöre, würde mir kein Essen mehr munden.

Richtet Meister Sun schnell aus: Er hat mich bereits überzeugt, dass er sich auf die Truppenführung versteht.

"Das kann ich."

"Mit den Palastdamen?"

"Eure Majestät, ist das ... ist das nicht allzu notdürftig?"

"Das kann ich."

Deshalb ist, wer in hundert Schlachten hundert Siege errungen hat, nicht wahrhaft weise.

Darum ist der oberste Grundsatz der Kriegskunst, das Volk unversehrt zu erhalten.

Die höchste Weisheit besteht darin, den Gegner ohne Kampf in die Knie zu zwingen.

Eure dreizehn Kapitel über die Kunst des Krieges habe ich mit Bewunderung gelesen.

Aber könnt Ihr sie auch an Ort und Stelle praktizieren?

Haha …

Vortrefflich!

Daraufhin empfahl Wu Zixu Sunzi dem König Helü von Wu.

Hahahahahaha!

Nun, Meister Sun, welche Meinung habt Ihr vom Krieg?

König Helü von Wu

Der Krieg ist ein Ereignis von großer Bedeutung für jeden Staat. Ein untergegangenes Reich kann man nicht wieder zu altem Glanz, die Toten nicht wieder zum Leben erwecken.

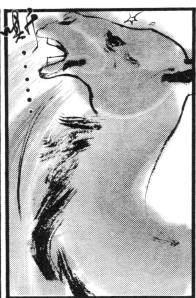

lauter Sternbilder, die Wind versprechen.

Der September ist trocken und kalt – wo soll denn hier ein Wind …

Hahahahahaha!

Ich hätte sie drei Tage in unwegsamem Gelände ihre Stellung behaupten lassen, bis Verstärkung eintrifft.

Wie hättet denn Ihr als Kommandeur die unterlegenen Truppen in den Kampf geführt?

Hm …

Haha …

Heute sind drei Tage vergangen, und der Mond durchläuft die Sternbilder des Schützen, des Pegasus, des Bechers und des Raben – …

Selbst wenn die Verstärkung Tag und Nacht unterwegs wäre, bräuchte sie immer noch mindestens sieben Tage, um hier einzutreffen.

Bis dahin wärt Ihr schon halbtot vor Hunger – und dann wollt Ihr noch in den Kampf ziehen?

das ist ein untrügliches Zeichen, wie erschöpft die Truppen waren und wie überstürzt sie marschierten.

Seht nur, General, wie wirr und flach diese Hufspuren sind –

Ach ja?

Vor lauter Ermattung fiel ein Großteil der Männer zurück. Die Vorhut machte nicht einmal ein Zehntel aus.

Die Verwundungen zeigen die erdrückende Übermacht des Feindes: Er hat das Zehnfache an Männern in die Schlacht geworfen.

Weil ihre Kampfkraft gering war und das Gelände ihnen keine Vorteile bot, stürzten sie sich Hals über Kopf ihren Angreifern entgegn.

KAPITEL X:
DAS KRIEGSGENIE SUNZI

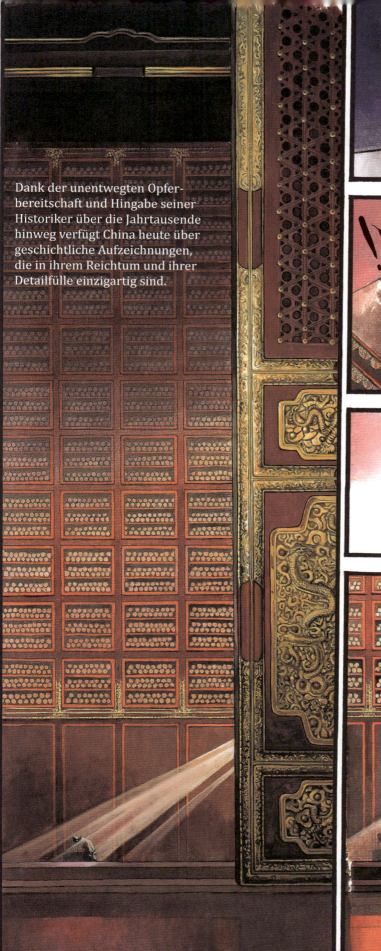

Dank der unentwegten Opferbereitschaft und Hingabe seiner Historiker über die Jahrtausende hinweg verfügt China heute über geschichtliche Aufzeichnungen, die in ihrem Reichtum und ihrer Detailfülle einzigartig sind.

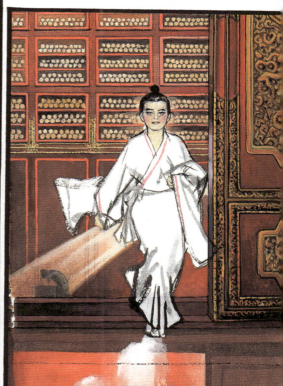

*Aufschrift: „Geschichtsamt von Qi."

Brüder!

Ist es das wert?

Warum legst du das Buch nicht ordentlich hin?

Dieses Buch hat meine Brüder ihr Leben gekostet!

aber in der Geschichte leben sie fort.

Sie mögen tot sein, …

so wird vielleicht manch einer mit Euch mitfühlen.

Aber falls ich die Wahrheit verfälsche, wird gewiss ein anderer sie überliefern – …

Ein Geschichtsbuch sagt, was war, und sonst nichts.

Wenn ich die Wahrheit aufzeichne – nämlich dass Ihr den Fürsten heute getötet habt im Zorn darüber, dass er Eure Frau vergewaltigt hat –, …

und dann würde meine Lüge nicht bloß Euer Vergehen nicht länger vertuschen können, sondern Ihr würdet auch umso größeren Spott von aller Welt auf Euch ziehen.

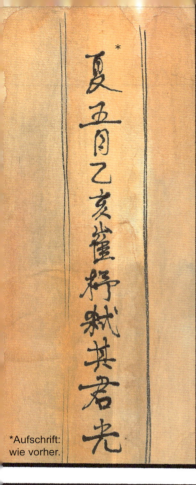

*Aufschrift: wie vorher.

Deine beiden Brüder habe ich schon getötet.

Bist du lebensmüde?

Bist du der Nächste?

Ich befehle dir, das Amt des Geschichtsschreibers zu übernehmen. Dir sollte klar sein, was du zu schreiben hast.

Nachdem er seinen Fürsten, Herzog Zhuang von Qi, hatte ermorden lassen, verlangte Cui Zhu von den Geschichtsschreibern, sie sollten ihren Eintrag ändern.

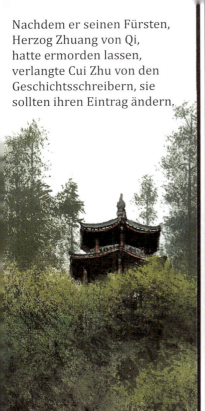

Cui Zhu, Minister von Qi

*Aufschrift auf dem Bambustäfelchen: „17. Mai: Cui Zhu ermordet seinen Fürsten."

Ich will, dass ihr schreibt, der Fürst sei am Sumpffieber verstorben, verstanden?

KAPITEL IX:
CUI ZHU ERMORDET SEINEN FÜRSTEN
DIE GESCHICHTS-SCHREIBER VON QI

Ich bin euer Fürst! Lasst mich gehen!

Ich gebe zu, ich habe einen Fehler gemacht. Ich hätte mich nicht auf eine Liebschaft mit Cui Zhus Frau einlassen dürfen.

Wir wollen uns bloß einen Lüstling schnappen! Von einem Fürsten wissen wir nichts.

Inhalt

Vorwort zur Neuausgabe	5
Anmerkung des Übersetzers	5
Kapitel 09: Cui Zhu ermordet seinen Fürsten. Die Geschichtsschreiber von Qi	7
Kapitel 10: Das Kriegsgenie. Sunzi	15
Kapitel 11: Der arme Attentäter. Chu Ni	47
Kapitel 12: Freunde auf Leben und Tod. Lin Xiangru und Lian Po	79
Kapitel 13: Durchbohrt von tausend Pfeilen. Sun Bin und Pang Juan	111
Kapitel 14: Der weinende Drache. Jie Zitui	143
Kapitel 15: Drei gewaltige Krieger. Xi Houchong, Hua Zhou, Qi Liang	175
Kapitel 16: Wiedersehen in der Unterwelt. Ying Kaoshu	207
Nachwort zur Erstausgabe	240
Zeittafel und Karte	241

Vorwort zur Neuausgabe

Die Frühlings- und Herbstperiode (770–476 v.Chr.) und die Zeit der Streitenden Reiche (475–221 v.Chr.) bilden zusammen die Östliche Zhou-Zeit. Allein in der Frühlings- und Herbstperiode wurden dreiundvierzig Herrscher ermordet – sei es von ihren Feinden oder ihren eigenen Beamten –, und über vierhundert Gefechte und Schlachten wurden geschlagen. Es war eine düstere Zeit, in der jedermann nach dem Thron trachtete und Rebellionen an der Tagesordnung waren. Aber zugleich war es auch eine glanzvolle Zeit, geprägt von tiefgreifenden Umwälzungen. Geniale, aufsehenerregende Denker betraten die Bühne, darunter Konfuzianer, Daoisten, Vertreter der Yin-Yang-Schule und politische Strategen.

Diese dramatische Kulisse wählte ich in meinem jugendlichen Übermut als Hintergrund für das Werk, mit dem ich in Japan debütieren wollte. Während der Arbeit daran musste ich immer wieder ausgiebige Recherchen betreiben und viele Geschichtswerke wälzen, aber ich gewann so auch manche neuen Eindrücke und Erkenntnisse.

Der Glaube, aus der Vergangenheit könnten wir etwas für die Gegenwart lernen, ist mir schon immer lächerlich vorgekommen. Die Geschichte wird geschrieben, um vergessen zu werden. Und doch vermag sie uns über die Jahrtausende hinweg stets aufs Neue zu rühren. Ich hoffe, dass sich die Ergriffenheit, die mich bei der Arbeit an den *Helden der Östlichen Zhou-Zeit* befallen hat, auch auf den Leser überträgt – das würde mir zu einer großen Ehre gereichen.

Chen Uen
Xindian, Taipeh, den 12. Juni 2012

Anmerkung des Übersetzers

Bei einer zweisprachigen Ausgabe ist die Versuchung – oder der Druck – groß, möglichst wörtlich zu übersetzen. Ich habe dieser Versuchung bewusst widerstanden, weil sie meiner grundsätzlichen Überzeugung zuwiderläuft: Wörtliche Übersetzungen funktionieren nicht, zumal wenn die sprachliche und kulturelle Distanz so groß ist wie zwischen dem Chinesischen und dem Deutschen.

Kleine Abweichungen von der Wortoberfläche des Originals erklären sich in der Regel entweder aus dem Bestreben, eine möglichst flüssig zu lesende deutsche Fassung zu schaffen, oder sie dienen dem besseren Verständnis. Nur ein kleines Beispiel: Gelegentlich bezieht sich das Wort *wang* 王 auch auf einen Herzog. Um keine Verwirrung aufkommen zu lassen, habe ich in solchen Fällen die Standardübersetzung „König" oder „königlich" vermieden.

Hinter der sprachlichen Verwirrung steckt im Übrigen auch eine politische Verwirrung: Schon im achten Jahrhundert v.Chr. begannen manche Lehnsfürsten, die eigentlich formal den Zhou-Königen unterstanden und deshalb bloß zur Führung des Titels „Herzog" (*gong* 公) berechtigt gewesen wären, sich den Königstitel anzumaßen. Ein sichtbareres Zeichen für den Machtverfall der Zhou-Dynastie, die bloß noch auf dem Papier herrschte, lässt sich schwerlich denken. Umgekehrt begnügten sich ausgerechnet einige der mächtigsten Herrscher der Epoche, die zu den sogenannten „Hegemonen" (*ba* 霸) gehörten, mit dem Herzogstitel. Der Leser sollte sich deshalb immer vor Augen halten, wie wenig der Titel über die tatsächliche Macht aussagt.

Eine letzte Anmerkung noch: Chen Uen ist kein Historiker. Der Leser darf die Geschichten, die er erzählt, nicht immer für bare Münze nehmen. Aber das gilt letztlich auch schon für die altehrwürdigen historischen Quellen, auf die er sich stützt, darunter vielleicht als allerwichtigste *Die Aufzeichnungen des Historikers* (*Shiji* 史记) des Sima Qian 司马迁 (um 145 v.Chr. – um 86 v.Chr.). Sima Qian hat selbst Geschichte geschrieben mit den Geschichten, die er erzählte – und diese Geschichten leben im kollektiven Gedächtnis der Chinesen bis heute fort, wie Chen Uen auf das Schönste beweist.

东周
英雄传

作者：郑问
原版出版：大辣出版股份有限公司
版权所有・翻印必究

Verlag der deutschsprachigen Ausgabe:
Chinabooks E. Wolf und E Wu
Bühlstrasse 6, CH-8142 Uitikon-Waldegg, Schweiz
Auslieferung an den deutschen Buchhandel: GVA Gemeinsame Verlagsauslieferung Göttingen GmbH & Co. KG
Auslieferung an den österreichischen Buchhandel: Mohr Morawa Buchvertrieb GmbH, Wien

ISBN: 978-3-905816-67-9

Autor: Chen Uen (in Pinyin-Lautumschrift: Zheng Wen) 郑问
Übersetzung ins Deutsche: Marc Hermann
mit Vokabellisten erstellt von Huang Dian

Redaktion und Satz der deutschsprachigen Ausgabe: Yingqun Jiang, Elisabeth Wolf, Fritz Franz Vogel

Chinesischsprachige Originalausgabe erschienen bei Dala Publishing Company, Taiwan.

Heroes of the Eastern Chou Dynasty, Volume 2
Copyright © 1993, 2012 by Chen Uen
Bilingual (Simplified Chinese characters / German) translation copyright © 2017 Chinabooks E. Wolf und E. Wu.
The translation published by arrangement with Dala Publishing Company, Taipei. All rights reserved.

Alle deutschsprachigen Rechte vorbehalten.

Printed in Germany. / Gedruckt in Deutschland.

2022   2021   2020   2019   2018   2017
10 9   8   7   6   5   4   3   2   1

Chen Uen
HELDEN DER ÖSTLICHEN ZHOU-ZEIT
BAND II: WIEDERSEHEN IN DER UNTERWELT

ins Deutsche übersetzt von Marc Hermann

mit Vokabellisten von Huang Dian